學貫大成

百〇七歲叟馬識途

国学经典

中华上下五千年

张婷婷　编著

第一卷

民主与建设出版社

·北京·

© 民主与建设出版社，2022

图书在版编目（CIP）数据

中华上下五千年 / 张婷婷编著. —— 北京：民主与
建设出版社，2020.11（2022.10重印）
ISBN 978-7-5139-3248-6

Ⅰ.①中… Ⅱ.①张… Ⅲ.①中国历史—通俗读物
Ⅳ.①K209

中国版本图书馆CIP数据核字（2020）第198027号

中华上下五千年
ZHONGHUA SHANGXIA WUQIANNIAN

编　　著	张婷婷
责任编辑	刘树民
封面设计	余　微
出版发行	民主与建设出版社有限责任公司
电　　话	（010）59417747　59419778
社　　址	北京市海淀区西三环中路10号望海楼E座7层
邮　　编	100142
印　　刷	德富泰（唐山）印务有限公司
版　　次	2020年11月第1版
印　　次	2022年10月第3次印刷
开　　本	880毫米×1230毫米　　1/32
印　　张	48
字　　数	1000千字
书　　号	ISBN 978-7-5139-3248-6
定　　价	168.00元（全六卷）

注：如有印、装质量问题，请与出版社联系。

前　言

　　中华文化历史久远，有文字记载的历史就有几千年。千百年来，华夏大地上上演了一幕幕激动人心的故事，出现了一个个叱咤风云的人物，留下了许多可歌可泣的事迹。不仅如此，我们的祖先也以伟大的创造力、强大的生命力和巨大的凝聚力世世代代繁衍生息、历尽磨难，从远古走到现代、从蒙昧走向文明。五千年来，中华民族走过了一条不寻常的道路，铸就了光辉灿烂的中华文明。

　　《中华上下五千年》详细记录了五千多年的历史和丰富多样的中华文化。它是从大量的历史文化书籍中精心选编而成，其内容由八个篇章组成，严格按照历史顺序编写。从神话传说时代、夏商周、春秋战国，到秦、西汉、东汉、三国、魏晋南北朝，再到隋唐、五代十国、宋元，最后到明清。战国的刀光剑影，西汉的鼓角争鸣，魏晋的舞榭风流，南北朝的石窟艺韵，隋唐的盛世雄风，宋朝的经济繁荣……每一篇、每一个朝代，选取的都是一些典型的、有意义的历史文化事件。这本书不仅能让青少年增长知识、陶冶情操，对成年人来说也是大有裨益的。

　　首先是神话传说时代。这里有盘古开天辟地的传说、女娲补

1

天的传说、伏羲的传说以及神农、炎帝的传说；介绍了北京猿人、山顶洞人、母系氏族社会和父系氏族社会的一些情况；叙述了仰韶文化、半坡文化和大汶口文化以及木器时代、彩陶上的纹饰、龙凤图腾等这些文明伊始的事物。

其次是夏商周时期。夏朝选取的是禹伐三苗、涂山大会、夏启建国、太康失国、少康中兴、夏桀亡国等历史大事件；商朝选取的则是成汤革命、征伐韦顾、伐昆吾灭夏桀、仲虺和伊尹、汤祷桑林、伊陟相太戊、祖乙和盘庚、武丁中兴、祖庚和祖甲、纣王暴虐等历史人物的故事；周朝则选取了文王访贤、武王伐纣、周公东征、昭王南征、周穆王西征、烽火戏诸侯、伯夷叔齐不食周粟等与战争有关的历史事件。

然后是春秋战国时期。春秋时期选取的是管仲相齐、烛之武退秦师、城濮之战、秦晋崤之战、楚庄王灭庸、田氏代齐等；战国时期选取的则是李悝变法、吴起用兵、商鞅变法、长平之战、屈原投汨罗江、神医扁鹊、儒家创始人孔子、墨子破云梯等。

从秦汉直到晚清，选取的大都是我们或熟悉或略有耳闻的历史。

人类是幸运的。当宇宙把人类作为生命的载体赋予他（她）生命的那一刻，他（她）就注定与其他动物是与众不同的。当你探寻古人类的化石，你便可以听到他们因心智的开启而叮叮当当打制石器的声音；当你捧起古人类留下的灰烬，你便可以看到他们因摆脱蒙昧而燃起的远古文明的火光。

这本《中华上下五千年》便是以历史人物为主线，以他们左右朝政、参与变革、指挥战争的某些片段为辅线编纂而成的。我们在注重描述历史人物的同时，力求通过真实详尽的历史事件，向读者展示出先哲的思想理论、华夏王朝的兴衰更替和金戈铁马的雄浑豪迈，进而展示出他们个人的文治武功、计谋韬略和荣辱功过。希望我们后人能够从中悟出王朝更迭的原因、战争胜负的因素和兴国富民的道路。

这本书是一本故事化的历史读物，语言浅显易懂、生动有趣。除此之外，它还有以下几个特点：首先，它以时间为序，从远古的史前文明说起，一直叙述到明清，在同类书里的时间跨度是比较大的，这是第一个特点；其次，与同类书相比，虽然都是在选取历史片段、勾勒历史故事，但《中华上下五千年》的选取面是非常宽的，从而使它的信息量颇为庞大，这是第二个特点；再次，《中华上下五千年》在叙述时，力求尊重史实，不妄加评论，让读者做阅读的主人，去思考、去感悟……这是第三个特点；最后，《中华上下五千年》在讲述一些历史故事时，不仅参照了正史，也辨析地引用了一些稗官野史、逸闻趣事，从而使它的叙述角度更为客观，这也是本书的最大特色之一。总而言之，本书是一部集知识性、趣味性、通俗性于一身的中国历史普及读物。

历史是不可能重复的，但历史又是一面镜子。在本书所收集的故事中，读者从中不难找到一些有借鉴作用的东西，它们至今仍有一定的教育意义。

鉴于时间仓促，文字工作量大，书中难免有疏漏之处，恳请读者朋友们批评指正。

目 录

第三篇　春秋·战国

第四篇　秦·西汉·东汉

中华上下五千年 —— 目录

第五篇　三国·魏晋南北朝

第六篇 隋唐·五代十国

中华上下五千年——目录

第七篇　宋·元

中华上下五千年——目录

9

第八篇　明·清

第一篇 远古时代

〔混沌时期〕

盘古开天地的神话

据说，宇宙原来是混沌一团，盘古氏用一把巨斧把这团混沌劈成两部分，一部分轻的气不断地向上浮成为蓝天，一部分重的气不断地往下沉成为大地。盘古则成为屹立在天地间的巨人。

过了很久，盘古死了。他死后的一瞬间，周身突然起了变化：他口里呼出的气变成了风云；他的声音变成了雷霆；他的眼睛变成了日、月；他的手足和身躯变成了大地的四极和八方的名川；他的血液、筋脉、肌肉变成了江河、道路和田野；他的头发和胡须变成了天上的星星；他的皮肤、汗毛变成了花草树木；他的牙齿、骨头、骨髓变成了金属、岩石、珍珠；他身上的汗，也变成了雨露甘霖。

关于盘古开天地的神话，民间还流传着另一种说法。

相传，混沌以前，天下混乱，人口密集，瞒心昧己，骂天骂

地，见利忘义，玉帝得知后，决定下场暴雨，发场洪水，来个地陷天塌，彻底把世界冲干洗净。可是转念一想：天地毁灭之后，万物消失，人类绝迹，世界还像个什么样子？想到此处，玉帝就派太白金星领着天兵天将到凡间探访，寻得世间心地最好的人，保留一两个，以便繁衍后代。

在一个小山村里，太白金星访出了一家复姓为盘古的兄妹二人。因父母早丧，他们兄妹二人以打柴为生。二人心地慈善，忠厚老实，因此，太白仙人把他俩报于玉帝，之后，又领旨下凡考验盘古兄妹。

盘古兄妹上山打柴时，经常经过一座寺庙。寺庙门前有一尊石狮子，雄伟高大，张着大嘴，可以使两人并排走进去。兄妹二人每次经过大狮子，总要站在大狮子旁边，摸摸它。有一天，兄妹二人正在石狮子跟前休息，从寺庙内走出一位白发苍苍、衣衫褴褛、手拄拐杖的老和尚。他来到盘古兄妹面前，恳求说："我们寺院已经没有吃的了，徒弟们能走的都走了，能跑的也都跑了，我走不动，已经八天没有吃饭了，求求你们每天给我拿两个馒头吃，如果我不在家，你们就把馒头放在石狮子嘴里，我自己会去取，以免耽误你们上山打柴的时间。"兄妹二人看到老和尚皮包骨头的样子，就答应了他的请求。

从那以后，兄妹二人每天都把两个馒按时放到石狮子嘴里，而他们自己却采野果，挖野菜吃。一段时间之后，老和尚从寺里出来，面带诚意地对他俩说："你们兄妹是心性善良、忠厚老实之人，我对你们说一个消息，不久就要天塌地陷了，要把欺骗百姓、作恶多端、造下大孽的人消灭干净。你二人宅心仁厚，要注意防备天灾。从现在起，你们要时刻注意狮子的眼睛，只要它的眼睛红了，你们就躲到狮子嘴里去避难，切记，切记。"老和尚说完之后，就消失了。

这年六月，太阳像火一样熏烤着大地，久旱无雨，坑河见底，土地干裂，草木枯萎。一日，天地之间忽然狂风怒吼，雷电交加，彤云（密布的阴云）滚滚像一匹发狂的野马，使人心惊胆战。兄妹二人急忙收拾柴担回家。路过石狮子跟前时，发现石狮子眼睛变得通红，知道天下将遭受大难，便扔下柴担，急忙跑回村里，给村民报信。村里人认为他们二人是胡说八道，谁也不相信他们，不去躲避灾难。他们二人无奈之下只好离开村子跑到狮子眼前，躲进了狮子嘴里。这时，狮子嘴一合，腾空而起，驾云而走。

兄妹二人通过石狮子牙缝向外观望，只见洪水泛滥，黑云翻滚，不分日月，难辨天地。一场可怕的灾难将降临人间。忽然一声巨响，山崩地陷，日月无光，天地化为灰烬。整个自然界毁灭了。

兄妹二人十分害怕，挤在一起，往石狮子肚子里钻。当他们往里看时，都愣住了。原来石狮子肚子里是一座院子，院子里有两堆馍，每堆都是八十一个。这时他俩恍然大悟，老和尚替他们保存了这些食物，以便让他们躲过这场灾难。

盘古兄妹在石狮子肚里生活了八十一天时，石狮子竟然开口说话了："我告诉你们，我是玉帝的坐骑玉麒麟，因醉酒，耽误了玉帝参加王母娘娘的蟠桃会，特罚我在凡间戴罪立功。当时玉帝已经对凡间的现状十分愤怒，决定重建乾坤。后经太白金星调查，凡间只留你兄妹二人繁衍后代。玉帝让我使法术，带你们到此避难，现在灾难已经过去，你们二人赶快出去，用自己的双手和智慧再创新天地。"说完，玉麒麟就驾着一片祥云飞走了。

他们从石狮子的嘴里爬出来，就发现天地间的一切都全完了，只有脚下的一片祥云。兄妹二人看着空空荡荡的世界，愁容满面，妹妹伤心地说："这该怎么办呢？"盘古说："据说玉帝以前管十七层天，要不咱们去要一层吧！"于是兄妹二人踏云飞向天宫。他们飞了四十九天才到"云堆宫"。他们见了玉帝，说明来意。玉帝回答说："可以给你们一层天。"接着就扔给盘古一方蓝手帕说："你们走到太空去，抛出手帕，这个手帕就会变成天了。"他们接过手帕，急忙向宫外走去。妹妹说："哥哥，咱们只有天，没有地怎么办？要不咱们再要个地吧！"盘古摇头说："玉帝的天宫里是不允许人要第二件东西的。"

石狮子听见了他二人说的话，说："我有办法，但就是不知道你们有没有这个胆量？"盘古赶紧说："只要能够找到大地，我们什么都不怕。"石狮子听后便说："玉帝的寝宫叫'龙眼宫'，里面有个镇宫之宝叫'如意球'，可大可小，你们把它摘走。到时候你只要说声'大'，它就变大了，以后也不会缩小。问题是白天有神将看守，只有晚上才能摘走它。现在我把我的兽王牌给你，等到危急时就把它拿出来。"说罢就飞走了。

等到晚上，盘古叫妹妹在宫外面等着，自己驾云向"龙眼宫"飞去。刚飞到山前，就看见两个灯笼在发光。盘古认真一看，啊，原来是一条巨大的蟒蛟，眼如烈火，头如磨盘，恶狠狠地扑向盘古。盘古吓出了一身冷汗，突然间想起了兽王牌，连忙取出来，巨蟒看到兽王牌就伏在宫殿前不动了。盘古看到巨蟒伏在宫殿前不动了，就从巨蟒身边走过去，来到"龙眼宫"门口，便看见宫尖上闪闪发光的如意球。盘古赶紧飞上宫尖把如意球摘下来，装在衣袋里，然后急忙往回走。到了宫门口，一只猛虎蹿向盘古。盘古掏出兽王牌，猛虎趴下一动不动，盘古就趁机飞了出去。

盘古对妹妹说："快走，如果玉帝发现就没命了。"兄妹二人向太空飞去。定了定神，盘古把手帕向上空一扔，头顶上就出现了蔚蓝的天。只是因手帕缺个角，东北角便有个黑洞。兄妹俩稍往下一飞，扔下"如意球"，说声"大"，脚下果然出现了大地。他俩高兴万分。这时听到上空中有人说话："盘古，因你创造天地心切，偷'如意球'就不治你的罪了。"盘古向上一看，看见玉帝和太白金星站立在云端。就赶紧跪下说："多谢玉帝宽恕。可是大地光秃秃的，你可以再给些树木林廊，五谷杂粮，飞禽走兽和山川河流吗？"玉帝感觉有道理，便向大地撒了一些彩纸碎片，瞬间，太阳悬挂在当空，河流、山脉层次分明，树木山林遮天盖地，大地上禾苗郁郁葱葱，到处都充满了鸟语花香。原来混沌的大地，变得焕然一新。

盘古兄妹站在大别山北端的看狮山上，向四下望去，要选择一个地方居住下来。兄妹二人从狮山跑向"九龙山"，不知跑了多远，才跑到西山坡上。他俩跑得满头大汗，热得喘不过气来，于是坐下来休息。清风徐徐而来，好凉快。他俩休息一会儿后继续爬山，累得他俩实在走不动了，还坚持向上爬。因此后人把盘古山西南高陡处叫"高爬"。最后兄妹二人登上山顶，自搭草棚居住下来，后来兄妹二人用树叶遮着身子。晚上睡在草棚之中，渴了就喝甘泉水，饿了就吃野果和草根，过着原始人一样的生活。后来人们就把"九龙山"改为"盘古山"了。

神话毕竟是神话，无从考证。但现今通常流行第一种说法。在盘古开天地的神话里，只讲了天地起源的故事。后来世界上怎么会有许许多多的人呢？请看下一节，女娲补天的传说。

女娲补天的传说

古时候，有许多美丽动人的神话传说。一代接一代，那些神话传说深深留在人们的心田，女娲补天的故事就是其中的一个。

传说很久很久以前，盘古开天地创造世界后，大地上山清水秀、鸟语花香，可是没有人类，女神女娲感到很孤单寂寞。

有一天，她坐在池塘边玩，水中倒映着她美丽的影子。女娲顺手捧起池边的黄泥，仿照自己的身形，捏了个泥娃娃，样子很可爱，她把泥娃娃轻轻放到地上，谁知那泥娃娃刚一着地，就被赋予了生命，化成了真的"人"。

女娲兴奋极了，又继续捏啊捏，捏成了许多泥娃娃，创造了一个又一个的"人"。后来，女娲捏累了，干脆从山崖边扯下一根藤条来，蘸满泥浆水，朝地上一甩，那些泥点溅落的地方，竟然也出现了一个个活蹦乱跳的小人，于是女娲继续挥洒泥水，人类的踪迹很快就布满了大地。

一年又一年过去了，人们生儿育女，安居乐业，日子过得挺快活。那时，既没有人剥削人，也没有主人和奴隶，大家都同甘共苦，相亲相爱，就像兄弟姐妹一样亲。唯一使他们不安的就是常常受到大自然的欺侮。

一次，水神共工和火神祝融吵起架来，水神兴风作浪，火神喷火吐烟，两个人打得天昏地暗，难分难解，可谓是"水火不相容"。到最后，代表光明的火神战胜了水神。水神共工恼羞成怒，一头向西方的不周山撞去，就听"哗"的一声巨响，一场可怕的灾祸降临了。

原来，这不周山乃是一根擎天神柱，经水神一撞而折断了，半边天顿时坍塌下来，露出黑乎乎的大窟窿。茂密的山林也燃起熊熊大火，断裂的地面喷涌出滔滔洪水，泛滥的洪水淹没了山川田野，大地顿时变成一片汪洋。

人们生活在这地狱般的世界，没有了歌声，没有了欢乐。女娲心里非常难过，她决心修补好残破的天空，为子孙后代造福。

她在江河之中挑选了许多五色彩石，用火将它们熔炼成胶状的液体，然后用这些液体，一点一点地把苍天上的窟窿填补好。女娲工作得很辛苦，当她看到完美的苍穹，脸上露出了欣慰的笑容。为了防止天再坍塌下来，女娲杀了一只大乌龟，斩下它的四只脚，当作天柱，竖立在东南西北四个角上，把天空给撑了起来，从此，世上便再也没有天塌的危险了。

之后，女娲又把河边的芦草烧成灰，用草灰堵住了决裂的地缝，波浪汹涌的洪水又变成了涓涓细流，又唱起动听的歌来了。

女娲，同天斗，同地斗，也同猛兽斗，她杀死作恶多端的黑龙，赶走吃人的禽兽。这场可怕的灾祸，终于在伟大慈爱的女神女娲手中化险为夷了。

大地又充满了生机，重新变得山清水秀、风和日丽，死里逃生的人们生活着、劳动着，到处是一派欣欣向荣的景象。

此时，女娲看到她的孩子们生活得很幸福，她感到很满意，便悄悄离开了人间。一说女娲死后，她的肠子化作十个神人，住在栗广之野；另一说女娲并没有死，她驾着飞龙，乘着雷车，腾云穿雾，升到了九重天，默默无闻地住在天宫里。她不以功臣自居，而是把她的成绩归之于大自然。

女娲，神通广大的女神，我们人类的母亲，她是那样的伟大，又是那样的谦逊。也许正因为如此，女娲才受到人们世世代代的爱戴，被歌颂为人类的创造者，世界万物的化育者，成为我国古代神龛（旧时供奉神像或神主的小阁子。龛，kān）上的一位尊神。

人们常说："神话是历史的影子。"女娲的传说也向我们展现了一幅古代母系氏族社会生活的历史画卷。

在母系氏族社会里，男子从事渔猎、作战等事务，而采集植物、烧烤食品、看守住地、缝制衣服、养老育幼等繁重的工作，都落在妇女肩上，妇女责无旁贷地成为氏族公社经济的顶梁柱，享有较大的权力。同时，母系氏族社会实行群婚制。"民知其母，不知其父"，因而那时的妇女享有很高的地位。

伏羲氏的传说

在中国，很少有人不知道伏羲，一般人都能讲出在那遥远的洪荒时代，伏羲和女娲兄妹繁衍人类的传说。在传说中，伏羲是远古部落的联盟首领，他有"龙祖"之称。《诗含神雾》中说：伏羲的母亲华胥（xū）氏踩踏了雷神在雷泽留下的"大迹"，然后怀孕生了伏羲。闪电化为龙的形状，雷声就是龙的声音，雷神就是龙神。《拾遗记》中描写伏羲是长头长眼，有乌龟的牙齿和龙的嘴唇。《三皇本纪》中说伏羲降生时，有"龙瑞"出现，所以"以龙纪官，号曰龙师"，任命飞龙氏制造六书，潜龙氏制作甲历，水龙氏治理水土，火龙氏炼制器用，降龙氏治理万民。刚开始，制作的八卦也被认为与龙有关，就有"上古伏羲时，龙马负图出河"，伏羲参照此图，"以画八卦"的说法。

可以将龙的精神概括为"融合、福生、谐天、奋进"八个字，考察相关典籍资料和民间传说可知，伏羲的所作所为与这八个字是大致吻合的。

首先是融合，伏羲是一个融合起来的称号。《遁甲开山图》中说，女娲氏之后，先后有大庭氏、柏皇氏、中央氏等15个氏族用伏羲的名号。伏羲是来自黄河上游的伏羲氏和居住黄河下游的太昊氏的融合，所以称太昊伏羲氏。伏羲有很多创造发明，这不是一个人、一个氏族能够完成的，是后人将众氏族、众先民的功劳融合在伏羲身上。伏羲也是祖先崇拜和龙崇拜的融合。

然后是福生。不管是织网罟（gǔ，渔网）、创八卦、造书契、制乐器，还是做历算、定婚姻、驯牛马、定节气，伏羲所做的一切都是造福众生的。

接着是谐天。《易·系辞》中言伏羲"仰则观象于天，俯则观法于地，观鸟兽之文与地之宜，近取诸身，远取诸物，于是始作八卦，以通神明之德，以类万物之情"。这段话说伏羲尊重天及自然界，想认识自然界的种种规律，想按照规律做事。总而言之，人与天是和谐的。

最后是奋进。伏羲的活动、生息之地有多处，像甘肃天水（古成纪）有伏羲庙，称"羲皇故里"；如陕西宝鸡（古陈仓）有伏羲氏"徙治陈仓"之说；如陕西临潼的骊山顶峰上有个"仁宗庙（人祖庙）"，建造着伏羲女娲像；还有河南淮阳的"太昊之墟"，有伏羲女娲庙，还有画卦台；山东单县的金乡，相传也有伏羲陵……这就说明，伏羲一族基本上是沿着黄河的流向，由西向东渐渐迁徙的，其迁徙的过程就是不断开拓生存空间和奋发进取的过程。

神农氏传说

据说女娲补天之后，大地上的人们不知又度过了多少岁月，而随着人类的繁衍，自然界的食物已经不能满足人们的肠胃，疾病也常常折磨人们的身体。这时，世界上又出现了一个神，那就是神农。

神农是农业之神。在他教导人们播种五谷的时候，天上忽然飘落下来无数的种子，人们将这些谷种收集起来，种在开发过的田地上。就这样，人们学会了播种五谷，再也不用过茹毛饮血的艰苦生活了。

传说还有一次，一只鸟的嘴里衔着一株九穗的禾苗，在天空中飞过。穗的谷粒落在地上，神农就将那些谷粒拾起来，种在田里，后来就长出了又高又大的禾苗，人们吃了它就可以长生不老。由此可以看出，神农已经懂得选择良种了。

为了获取更多的粮食，神农又教人们砍伐树木，将其加工成耕田的工具，把土地翻得又细又松，不但省时省力，而且能使庄稼丰收，这就是我国使用农具的传说。

当时，人们的生活用品十分贫乏，神农又教人们如何制作陶器、瓶、壶等器具，以便于汲水和运水；又教人们制作盆、碗等餐具，陶甑等各种各样的陶器。这些器皿不仅成为人们必不可少的生活用具，最后也成为精美的艺术品。

神农教给人们的技能还不止这些。那时，人们还不懂得织布，只能用树叶之类的东西蔽体御寒。神农便发明了纺线锤，教人们如何用植物纤维纺纱织布，开始了所谓的"耕而食、织而衣"

的时代。

神农虽带有许多神话的色彩，却是我国古代母系社会繁荣兴旺的反映。当时，随着原始农业、手工业和畜牧业的发展，母系社会日益繁荣，发明创造越来越多，人们就塑造了这样的一个大神——神农，将众多发明创造都集中在了他身上，用来表示对发明者的怀念。

在传说中，神农不单单是农业之神，也是医药之神。他曾经用一条神鞭——"赭（zhě，红褐色）鞭"，鞭打各种各样的药草。那些药草被神鞭一打，便呈现出各自的性质，神农根据药草的不同特性来给人们治病。

神农为了识别各种药草的性质，翻山越岭，采药品尝。尝药的时候，神农经常中毒，传说有一次，他一天就中过十二次毒。但神农没有被困难吓倒，为了人类的幸福生活，他毅然决然地做了一次又一次尝试，最后尝到了断肠草，肠子被毒烂了，无药可解，失去了性命。

还有一种说法是，神农尝药时，吃了一条百足虫。那条虫子钻进神农的肚子里，一百只脚变成一百条虫子，周而复始，虫子越变越多。最终，神农被害死了。

神农虽然牺牲了，但是他的功德永远记在人们心里。据《述异记》记载：在山西太原神釜冈中，还存在着神农尝药的药鼎；在咸阳大山中，有神农鞭药的遗迹，因此那座山又叫神农原，或叫药草山，山上有座紫阳道观，据说神农就是在那里遍尝百草的。

炎帝传说

黄帝和炎帝是华夏族的始祖。《国语·晋语》中记载："昔少典娶于有蟜氏，生炎帝、黄帝。炎帝以姜水（今陕西宝鸡市清姜河）成，黄帝以姬水（今陕西武功县漆水河）成。成而异德，故炎帝为姜，黄帝为姬。炎黄二帝用师以相济也，异德之故也。"这是中国历史最早记载二帝诞生地的史料。由此可以推出，黄帝和炎帝是起源于陕西省中部渭河流域的两个血缘关系相近的部落首领。后来，两个部落为争夺领地，在阪泉大战，炎帝失败了，两个部落逐渐融合，最终形成了华夏族，华夏族在汉朝以后被称为汉人，唐朝以后又被称为唐人。炎黄二帝也是中国文化、技术的始祖，传说他们以及他们的臣子和后代创造了上古几乎所有的重要发明。

炎帝，据说是上古时期姜姓部落的首领，又称赤帝或烈山氏，在黄河中游陕西渭河地区。还有一说即神农氏（或神农氏的子孙）。相传其母名为女登，日游华阳，被神龙绕身，感应而孕，生炎帝。据说炎帝人身牛首，头有角。炎帝在烈山石室出生，长于姜水，有圣德，"以火德王"，号炎帝。炎帝年少聪颖，三天就能说话，五天便能走路，三年晓稼穑（jià sè，春耕为稼，秋收为穑，即播种与收获，泛指农业劳动）之事。据《纲鉴》等书记载："炎帝以火德代伏羲治天下，其俗朴，重端悫（正直诚谨。悫，què），不兵刃而财足，无制令而民从，威厉而不杀，法省而不烦。故南至交趾，北至幽都，东至肠谷，西至三危，无不从其化。"《越绝书》曰："昔者神农治天下，务利亡已矣，不望其报；不贪天下之财，而天下共富之；不以其智能自贵于人，而天下共尊之。"

炎帝的传说。炎帝姓姜，相传他是牛头人身，以羊为首的氏族首领，就是现在的羌（qiāng）族。刚开始，羌族活动于洛水流域，还有一种说法是它活动于泗水流域（黄河下游），后来迁进黄河中游，与九黎族发生了长时期的战争。九黎族的首领是蚩（chī）尤，兽身人语，铜头铁额，头上有角，耳上生毛，硬如剑戟，能吃石砂，极大可能是以某种猛兽为图腾的氏族。他有弟兄八十一人，即后来八十一个氏族，是比较好战的强大氏族部落。蚩尤把炎帝赶到涿鹿（今河北涿鹿）。于是，炎帝向黄帝求援，双方在涿鹿大战一场。蚩尤叫风伯和雨师（风神和雨神）兴风布雨，刮起了大风，下起了大雨，黄帝请旱神女魃（bá，传说中造成旱灾的鬼怪）放晴天气，又造了"指南车"辨别方向。结果，蚩尤战败身死，黄帝取得了胜利，被推举为"天子"。而史学界更倾向于另一种说法。炎帝和黄帝一样也是一种帝位，而炎帝一族世代居住在黄河下游，后来神农氏部落执掌炎帝之位。而黄帝族部落，兴起于泰山西侧，但这时候的神农氏部落已经无力征讨，号令天下。黄帝就开始征讨诸侯，韬光养晦，在阪泉也就是涿鹿与炎帝神农氏决战。神农氏大败，黄帝得以号令天下部落，流放神农氏于南方楚地。而神农氏部下蚩尤部落不服从黄帝号令，扬言要为炎帝报仇，纠集其他部落与黄帝大战，大败数次，最后被黄帝利用计谋击败被杀。后来黄帝又先后平定蚩尤余部——刑天氏的叛乱，最终统一天下。同时考虑到炎帝深得民心，黄帝就将其召回辅政，并合并炎帝神农氏部落，后世称炎黄部落。另外的一种说法是，炎帝一族世代居住在黄河下游，后期帝位被神农氏掌权，而最后一代的神农氏炎帝号称烈山氏。当时天下混战，诸侯并起，神农氏难以继续号令天下，黄帝崛起，与炎帝争夺帝位。

炎帝和神农氏到底什么关系？两者是不是为同一人呢？关于神农氏和炎帝的关系问题，学术界形成了观点截然相反的两派：一派认为他们是同一人。这一派的观点目前占上风，算是主流派。比如，湖南的炎帝陵纪念馆就是把炎帝作为神农来祭奠的。所以纪念馆内就存有炎帝尝百草的传说。而另一派则认为他们不是同一个人，根本扯不上关系。

黄帝平天下

很多古史传说记载，中国历史是从黄帝开始的。据古史书记载，黄帝是有熊国国君少典的二子，姓公孙，居住在轩辕之丘，故又称轩辕氏。传说，黄帝"生而神灵，弱而能言"，从小就表现出了很高尚的道德品质。到长大以后，更加聪明能干，成为一个有德行的人。据说黄帝的出生，非常神奇。

黄帝的母亲名叫附宝（黄帝生母的另一种说法），有一天，她到祈地的野外去，刚好天上打雷。于是附宝抬头看天，便看见一道闪电正绕着北斗七星中的枢星，于是就怀孕了。后来过了二十四个月，才在寿丘（一说青丘）这个地方生下了黄帝。

黄帝这个人物虽然是虚构的，但是有关他的传说，正反映了远古时期的中国社会将从原始氏族社会跨向文明的英雄时代。更准确地说，黄帝形象是根据父系氏族社会晚期军事民主制中的部落军事酋长建立的。在那个时期，私有制才刚刚诞生，中国的各个原始部落之间，已经展开了血腥的屠杀和兼并；文明的太阳，正伴随着鲜血和暴力慢慢升起。

从古史传说来看，黄帝生活的部落是以熊为图腾的，所以又号称有熊氏。传说中比黄帝早的人物——神农氏和燧（suì）人氏等，无疑代表了中国古代更为久远的时代。在燧人氏时，人类刚刚学会用火，开始征服大自然；在神农氏时，人类刚刚发明农业，生活有了一定保障。但到黄帝时，这些时代都已经过去，各部落间已经开始相互征伐，抢夺财物和奴隶，这就是人们所说的"轩辕之时，神农氏世衰，诸侯相侵伐，暴虐百姓"。而据古史记载，黄帝部落的劲敌是以蚩尤为代表的东方夷人部落和以炎帝为代表的西方游牧部落。

为了夺取对中原地区的统治权，黄帝首先将目光对准了炎帝部落。当时，炎帝部落也想霸占中原，经常向中原各部族发动侵袭。为了打败炎帝部落，黄帝做了充分准备，他推行"修德振兵，治五气，艺五种，抚万民，度四方"的政策，加强军民团结，鼓舞士气，发展生产，观察形势，还联合以熊、罴（pí，棕熊）、貔（pí）、貅（xiū，貔貅是中国古书记载和民间神话传说的一种凶猛的瑞兽）等为图腾的各大部落，壮大自身力量。然后，黄帝部落和炎帝部落在阪泉（约今河北涿鹿东南）展开决战，双方打了三个回合，黄帝才把炎帝打败，将炎帝收入自己的部落中。

以蚩尤为代表的夷人部落势力相当强大。据史料载，"蚩尤受庐山之金而作五兵"，是最早用金属做兵器的部落。这说明他们的生产水平非常高。又说"蚩尤兄弟八十一人，加上兽身人语，铜头铁额，食沙石子。建造立兵仗刀戟大弩，威震天下"。很显然，蚩尤部族是由八十一个氏族组成的非常强大的部落联盟。

黄帝部落打败炎帝后，和蚩尤部落的矛盾急剧激化。黄帝想向东方扩展势力，遭到蚩尤部落的强烈反抗，双方在涿鹿（今河北涿鹿）展开决战。黄帝令应龙（龙之有翼者）先攻蚩尤。蚩尤则请风伯和雨师（风神和雨神）前来助战，刮起了大风，下起了大雨，使黄帝的军队陷入绝境。黄帝不得已，只得请名字叫作"魃"的天女来帮忙，用法术止住蚩尤的大风雨，打乱蚩尤的阵脚，致使蚩尤兵败身亡。涿鹿之战，流血百里。黄帝终于征服了蚩尤部落，将东方收入自己的统治之下。蚩尤虽然战败，但他勇猛威武的形象却长留人间。黄帝打败蚩尤后，天下其实并没有安定，四方战火，动荡不已。黄帝为了打压反叛者，便让人把蚩尤的形象画出来，用蚩尤的形象来震慑天下。天下的人都以为蚩尤还没有死，不敢再反叛了，都臣服于黄帝。因此，蚩尤成了勇敢、威猛的象征。直到几千年后，汉高祖刘邦在沛县起兵反秦时，还要先祭祀蚩尤，以便鼓舞士气。

蚩尤大败以后，中国历史进入了一个新的发展时期。史料记载，黄帝在四方归顺之后，巡视天下，"东至于海，西至于空峒（tóng），南至于江淮"。后来，黄帝又发兵，北逐荤粥，中原大地上到处都留下了他的痕迹。无论他走到哪里，都"以师兵为营卫"，戒备森严。可见，他早已不是原始时期的部落酋长形象了。

后世的人们，把许多文化发明都归于黄帝所有，比如指南车、历法等；甚至将古代十分厉害的远射兵器——弩机，也说成是黄帝发明的。黄帝因此也就成了中华民族的象征。据说，黄帝死后，葬在桥山（今陕西黄陵）。又传说，黄帝升仙上天，桥山黄陵为衣冠冢（没有尸骨，只埋着死者的衣冠的坟墓。冢，zhǒng）。但不管如何，黄帝传说都是中华民族发展史上的第一块里程碑。

尧舜禅让

据说尧为陶唐氏，名放勋，史上称其为唐尧。因为他仁爱有德，故推举他做了部落联盟首领。尧在位时，曾经设官制定历法，掌管时令。尧年老，咨询四方部落首领，要找个有才德的人来当部落联盟首领。尧说："四方首领听着，我在位已经有七十载，你们可以接替我的职位吗？"四方首领都答："在下德薄，有辱首领之位。"尧又问："那么就请你们举荐出有德之人吧！"四方首领答道："民间有一单身男子，叫虞舜。"尧道："我听说过他，但到底怎样啊？"四方首领又答道："舜父横蛮，母险恶，弟张狂，但是舜能同他们和气相处，说明舜孝德淳厚，但舜又不事事迁就他们，并能促使他们上进，不干坏事。"尧说："那我就考察考察他吧！"于是，尧把自己的两个女儿娥皇和女英嫁给舜做妻子，观察舜如何对待她们。舜叫女英和娥皇放下架子，居住在沩水（今山西省境内。沩，wéi）转弯处，遵守妻子该遵守的礼节。尧感觉舜这样做很好，便任命舜为司徒。舜任职后，慎重地推行五教，在他的努力下，百姓都遵从五教。尧又命舜总领百官，百官们从此做事井井有条。尧还让舜主持接待八方宾客的事，舜流放了四个凶恶的接待官员，从此以后，接待宾客的官员也都庄重和睦了。最后，尧又命舜进入山林川泽做事，虽然刮风下雨，但舜镇定勇敢，没有迷路也没有误事。尧认为舜的德行还可以，便把舜召来说："我考验你三年，你的行为举止都很好，你能做首领了。"舜谦让地说："我的德行还不能使众人信服，还不能当首领。"舜就没有当首领。

尧的儿子丹朱品行不好，尧认为不能将天下交给他。如果将天下交给舜，天下万民都能得利，只有丹朱一人受损；如果将天下交给丹朱，则天下万民受损，只有丹朱一人能得利。所以，尧说："绝对不能为了让丹朱一人得利，而使天下万民受损。"最后，尧还是将天下传给了舜。

不久，尧崩，三年丧期过去了，舜为了让丹朱继位，便到南河的南岸躲了起来。但是，四方部落首领不支持丹朱而支持舜，有事情不找丹朱解决，而是去找舜解决，歌颂功德的人也只歌颂舜，不歌颂丹朱。舜说："这是天意呀。"于是，舜就回来继承了部落联盟首领的职位。这就是人们所说的尧禅让于舜。

据说舜即位后，通过部落联盟会议，设立了九种职位，让"八恺"管教化，"八元"管土地，"伯夷"管祭祀，"契"管民众，"皋陶（gāo yáo）"管刑罚，"伯益"管山林川泽等等。舜每三年考察一次百官的功绩，根据考察结果升降百官。

舜有个儿子叫商均，品行也不好，所以舜老了以后，也让各部落首领推举继承人。大家一致推荐大禹。后来，舜驾崩了，三年丧期之后，禹打算让商均做部落联盟首领，便躲到阳城去了。但各部落首领都支持禹，纷纷离开商均去朝拜禹。于是乎，禹就当了部落联盟的首领。这就是舜禅位于禹的故事。后人将尧禅位于舜，舜禅位于禹合称为"尧舜禅让"。《史记·五帝本纪》中说："从黄帝至尧、舜、禹，都同姓而异其国号，以章明德。"后来，禹的儿子启打破了禅让制度，通过首领之争，自立为帝，并建立了夏王朝。

对尧、舜、禹之间的帝位问题，还有和禅让相反的传说。《竹书纪年》讲："尧老德衰，为舜所囚，舜还囚尧之子丹朱，使其父子不得相见。"《汲冢竹书》也讲："舜囚尧于平阳，取之帝位。"另外，还有禹逼走舜和舜的儿子，而自己继承帝位的传说。这些记载都是说舜篡尧位，禹篡舜位。

人类社会前期，部落联盟首领是以推选的方式产生的，这是事实。中国上古有可能存在着禅让帝位的情况，但可能不像典籍中记载的那样。即便是详细记载尧舜禅让的典籍，也都显示了帝位问题上斗争的一面。尧、舜两人的儿子都想继位，但时代不允许；禹的儿子启就不一样了，毫不客气地动用武力抢了帝位。

北京猿人

最初的人类生活是怎样的？这是人们很想解开的一个谜。千百年来，对此有多种解释和猜测。

1923 年，有人在北京周口店附近龙骨山上的一个山洞里发现了两颗古人类牙齿化石。那个山洞东西长 140 余米，南北最宽 40 余米，最窄处仅 2 米，高 40 余米。随后，考古工作者从洞里发掘出 152 颗牙齿、6 个完整的头盖骨等代表着 40 余位男女老幼个体的骨化石以及十万多件石器工具。

北京猿人简称"北京人"，是我们远古的祖先。北京猿人为了在艰难的环境中生存，为了对付各种凶残禽兽的袭击，通常是三四十人在一起，过着群居生活。一个山洞就是一个群体的"家"，群体内的人们过着没有婚姻禁约的群婚生活。群体成员间也没有明确的劳动分工，只是按照习惯，年迈的人或留在家中照顾幼儿，或干一些轻微的事情，他们还有一项十分重要的任务那就是看护火种。因为当时的北京猿人尚未学会人工取火，只能将天然火种引到洞内，放在一个固定的地方，找人看护着，免得火种熄灭。当需要烧烤食物、照明或取暖时，看护的人便加柴火，使火烧起来。有一天，下起了大雨，雨水顺着山洞顶渗漏下来，看护人抢救不及，眼看着火种就要熄灭了，难过地哭了。然而，他们又突然转忧为喜了，原来他们懂得了水能灭火的原理。北京猿人又引来火种，使火常年不熄，很多年过去后，山洞内留下了几米厚的灰烬。

年轻的北京猿人天天在山林里打猎和采集树干、野果和植物根块，这就是北京猿人的食物。为了生活下去，他们不断地敲打石块。有一次，有人偶然打石块的中心，将石块打成碎片。刚开始，他们觉得很可惜，后来认真一看，发现碎石片很尖锐，可以做成石刀、石锥，他们高兴得手舞足蹈，互相谈论着这个新发现。后来，他们就用这些锋利的石具，捕鱼、打猎和挖掘植物根块。还将树枝放在火上烧成尖状，作为猎取野兽的工具。有时候，许多人合作，手拿石器和木棒，围捕一些大型野兽。野兽往往是他们共同分享的美餐。有时，他们也会意外地捡到其他野兽吃剩的肉，就算是这样，饿肚子也是常有的事；又加上风吹雨淋，疾病侵染，北京猿人过着艰苦的原始生活。他们的寿命很短，一般都是没到成年就死了。

尽管北京猿人的生活一点保障也没有，但他们仍在顽强地斗争，只求在大自然中生存。当他们抬回一只肥鹿时，洞口立刻涌出一群老幼，将猎物拖到火堆旁。于是，每人手握一个尖头石器，各自割肉，然后放在火上烘烤起来。他们经常把肥嫩的肉分给老人和小孩，然后其他人才吃剩下的肉。吃好了就将剩下的东西扔了，根本不考虑第二天是否会继续挨饿。夜晚来临，北京猿人在洞内睡觉；天一亮，又忙碌起来。北京猿人正是经过长时间的艰苦劳动，才在这个"家"中留下如此多的"遗产"。

山顶洞人

　　山顶洞人生活在距今大约一万八千年前。几十万年的悠久岁月过去了，在北京猿人的故乡——北京西南周口店的龙骨山上，又生存着一群比较进步的人类，他们住在龙骨山山顶的一个洞穴里，因而被叫作山顶洞人。他们的体质形成比北京猿人、丁村人、许家窑人都大有进步，几乎同现代人一样，并且具有明显的黄种人特征。他们生活的年代已属旧石器时代晚期，他们制作工具的技能与其文化成就，在漫长的旧石器时代历史上是相当杰出的，因而他们的名字在许多专业史中都经常被提到。如中国服装史就讲到，在中国，第一枚骨针是山顶洞人磨制的，中国的缝制工艺已有一万八千年的历史。中国印染史也说，山顶洞人是中国最早使用矿物染料染色的，他们遗留下来的用赤铁矿粉着色的石珠就是物证。中国美学史也追溯说，美的观念在旧石器时代已经形成，山顶洞人就用海蚶（hān，软体动物，生活在浅海泥沙中，肉可食，味鲜美，俗称"瓦楞子"）壳、兽牙、鱼骨、石坠、石珠等制造出了漂亮的装饰品。

　　山顶洞人的种种文化成就，反映了当时的社会组织已有长足的进步。他们在中国哲学史上也是鼎鼎有名的，在那时他们就已经知道埋葬死去的伙伴，并在其尸体周围撒上赤铁矿粉屑，希望给死者以再生的鲜血和生命。这表明原始的宗教观念已经萌芽！……山顶洞人那充满对死者怀念之情的圹（墓穴）葬习俗，显然是在氏族社会的长期生活中逐渐形成的，这种人和人的关系表明，当时的氏族制度经过几万年的发展已经逐步形成。

母系氏族社会

母系氏族社会时期，人们"只知其母，不知其父"。这一时期，女性在社会中享有很高的地位，掌握氏族的领导权。氏族首领是推选出来的，一个是负责公共事务的酋长，一个是军事首领。氏族社会的早期阶段，世系按女性继承，子孙归属母亲。同氏族的人有互相援助、保护和共同复仇的义务。氏族成员死后，其财产归同氏族的人所有。一般认为中国的仰韶文化处于母系氏族社会阶段。

人们对母系向父系过渡的原因等问题向来存在很大分歧。美洲印第安人的易洛魁氏族是典型的母系氏族社会。有人认为母系氏族社会晚期，男女间由自然分工向社会分工转变，这是阶级未出现前男女间对立的起因，矛盾和斗争随着第一次社会大分工和私有财产的出现而激化，母权制被取代是这一斗争的产物。恩格斯在《家庭、私有制和国家的起源》中指出，母权制被推翻，乃是女性的具有世界历史意义的失败，是人类经历的最激烈的革命之一，最早的阶级压迫是与对妇女的奴役同时发生的。但他又认为，这一革命并不需要侵害任何一个活着的氏族成员，似乎是一个十分自然的过渡。满都尔图认为这一过程是自发的，经历了一个由低级到高级、由量变到质变的演进过程。男子经济地位的日益提高，为世系的转化提供了物质基础，由婚姻关系的相对稳定，对偶婚（一男一女在长或短的时间内保持相对稳定的偶居生活，是一种以女子为中心的、婚姻关系不稳固的一种婚姻形式）的进一步发展使子女有了可确认的亲生父亲；男子在生产上的作用和他在传统的财产继承方面的无权地位发生冲突，从而导致母权制的覆灭。林蔚文通过对"不落夫家"等婚姻习俗的分析，提出在转化过程中母系氏族并非俯首帖耳地恭听父系氏族的命令和摆布，而是采取一系列顽强抵抗和斗争的措施。这一斗争是长期复杂的，母权制的残余仍在很长时期内存在。

父系氏族社会

中国进入父系社会的时间，大约在四千年前。

父系氏族制和母系氏族制的本质区别，在于世系按父系计算，财务由子女继承，男子是社会和家庭的核心，有权支配家庭的财产，也有权支配家庭成员。与此同时，婚姻由对偶婚向一夫一妻制过渡，父权制随家庭的出现而产生。随着社会生产力的发展和男子在生产部门中突出体现，男女在氏族中的地位发生重大变化，男子开始占据主导地位。其主要文化遗存代表有龙山文化、齐家文化、大汶口文化和良渚文化等等。此时在考古学上属于新石器晚期。与以往相比，父系氏族时代的社会生产力水平有更大的提高，其表现主要在于：农业生产的发展；家畜饲养规模的扩大；制陶技术的进步；铜器制造的出现；丝织品的发明；手工业水平的普遍提高和社会分工的形成等等。母系氏族中对女性崇拜，在红山文化中出土的女神像、裸体女神等，是女性崇拜的体现；而父系氏族中盛行的是男性崇拜，在龙山文化的华县泉护村和西安客省庄遗址中发现的陶祖，在湖南安乡县安障公社的度家岗遗址中发现的石祖以及青海东部柳湾出土的画有裸体男像的陶罐，都是崇拜父权的物证。

社会生产的发展，剩余物品的出现，是私有制产生的前提。社会分工和商品交换的发展，更促进了私有制的形成。私有制是从占有开始的，先占有工具、生活用品和牲畜，进而占有奴隶和房屋，土地的私有则比较晚。有了私有制，也就有了贫富两极分化，这在父亲氏族时期的遗址中能够看得比较清楚。在大汶口遗址中，贫穷者的墓葬中，随葬品极少，甚至一件也没有。但13号墓中却随葬了14个猪头；在10号墓中，有由77个单件组成的3串头饰，除象牙雕筒、梳子和玉钗外，还有玉臂环、玉指环等稀世瑰宝，同时还随葬了大批精美陶器，仅陶甗就有38件之多，远远超过了一个人的实际生活需要。这证明伴随私有财物的不断增多，贫富分化日益悬殊。

在父系氏族社会里，由男子及其儿女子孙组成一个父系大家族（家庭），男子不仅把妻子娶进来，把男子留在家庭中，而且还把姐妹或女儿嫁出去，家庭中留下来的仅是男子，如此继承下去，便以男子来计算世系了。这种世系计算方法的实质，是为了财物的继承权。在母系氏族中，没有女子时，要通过过继或收养女子的方法来保证母系世系的向下传递；而父系氏族中，没有男子时，也要通过过继或收养男子的方法，来保证家族后继有人。父系氏族制形成后，私有制萌芽、产生，在贫富分化加剧的情形下，阶级对立出现，由此进一步导致原始社会解体，国家产生。

〔文明伊始〕

仰韶文化

仰韶（sháo）文化是一种怎样的古老文化呢？1920年，在河南省西北部的渑池县仰韶村发现了一种原始文化，其中最引人注目的是画有花纹的彩色陶器。依照考古学上的惯例，往往以最先发现的遗址所在地来命名，这种文化就被称作"仰韶文化"。

经过几十年的考察，已知"仰韶文化"是中国古老文化之一。它在历史上从距今七千年左右一直绵延到五千年，历时两千年。这种文化的地理分布，以黄河中游的陕西、山西、河南为中心，西至甘肃，北到内蒙古自治区河套，东到河北东部，南达湖北省的西北部。黄河流经的黄土地带，被人们亲切地称为中国古老文化的摇篮，仰韶文化恰恰是孕育在这个摇篮之中的。

1953年，在陕西省西安市发现了一处属于仰韶文化早期的遗址，叫作半坡遗址，出土了上万件文化遗存。仰韶文化是以彩陶为特色的，半坡遗址出土的彩陶是其中的精品之一，显示着这一历史时期灿烂夺目的文化成就。使人们对仰韶文化的了解深入一步，大大开阔了眼界。陶器中有一种陶甑（zèng），分上下两层，中间有气孔相通，下边起釜的作用，上边起蒸屉的作用。这说明半坡人已懂得利用蒸汽了。半坡人制作的尖底瓶，小口、大腹、尖底，打水时可自行歪倒灌满，巧妙地利用了重心的原理。陶器上的纹饰告诉人们，半坡人已懂得计数，并有了等边三角形和平行四边形的知识。半坡彩陶上绘有人面鱼纹和蛙、羊、鹿等生动形象，堪称原始美术的杰作。中国的"文房四宝"之一的毛笔，过去相传是秦国将军蒙恬发明的，有两千多年历史。20世纪初，考古学家们发现在河南安阳殷墟出土的刻在龟甲兽骨上的文字，还残存有用毛笔书写留下的朱迹。由此可知，毛笔的历史可以上溯到三千多年了。可是，只要看过半坡彩陶的人们都会相信，那些流畅委婉的纹饰，显然是用类似毛笔的工具绘制的，所以在中国美术史上受到了特别的称赞。半坡彩陶上还刻有二十二种文字符号，中国文字学家认为这是中国方块汉字的雏形，从而证明方块汉字已有六千年左右的历史。

遗址中出土了许多磨制的石斧、石镰以及蚌镰和陶镰，还发现窖藏的粟（谷子），在一个小陶罐中还存放着一些菜籽。这些东西是在一个可以居住四五百人的村庄遗址上发现的。居住区的中心有一座大房子，大房子四周分布有几十座中小房子，小房屋之外有一条深宽五六米的壕沟围绕着，形成一个完整的氏族村落。村庄遗址中除屋室外还有窖穴和栅栏，屋中还放置有许多盆盆罐罐，这种种迹象表明，半坡的原始居民们已在这里长期定居，有计划的种植经济早已成为他们生活的主要来源，人口已经比较兴旺。这种状况还可以用考古学家的一个统计数字来表明：经历了一百六七十万年的旧石器时代的原始人类遗址，目前被发现的只有六十多处；而只经历了几千年的新石器时代的先民遗址，目前被发现的多达六千处。不言而喻，新石器时代氏族公社已进入繁荣发展的时期了。

在河南郑州以北的大河村，发现了属于仰韶文化晚期的一处遗址，出土了一批带有日、月、星等天象纹饰的彩陶。绘制着太阳纹的彩陶钵上的太阳恰好是十二个，大概是仰韶文化晚期已有了一年十二个月的原始历法的反映，还有星宿纹残片上画有北斗七星的一部分，可见当时人们已有斗转星移的一些天文常识了。这一发现受到中国天文考古学家们的特别重视，因为这是目前已知的中国天文学上最早的成就。

半坡文化

半坡文化属黄河中游地区新石器时代的仰韶文化，位于陕西省西安半坡村。半坡文化属于黄河中游的原始文化，显示出明显的北方地理环境特色。很久以前在黄河流域诞生的华夏民族，繁衍出华夏文明，当世界四大文明古国的其他三家文明被毁灭后，只有华夏文明一直延续到今天。半坡文化是北方农耕文化的典型代表。

半坡村遗址是原始居民的一个较为完整的村落，地点在西安城的东郊。半坡是一个没有贫富差别的原始社会。半坡村的原始居民是定居的，以氏族或部落为单位，建立村落。居住区中央有长方形大屋，可能是氏族集体活动的场所。它由多种壕沟围绕，以防野兽侵害。房屋为地面和半地下式的，呈方形或圆形。

半坡成人死后埋入公共墓地，常随葬陶器及骨珠等装饰品。遗址有两座同性合葬墓，分别埋着两名男子和四名女子，一般认为是母系氏族社会的葬俗。死亡儿童埋在居住区，多采用瓮棺葬（以日常使用的瓮、罐一类陶器作葬具的墓葬形式，葬具底部一般钻有小孔，作为死者灵魂出入的地方）。一座女孩土坑墓中随葬品精致丰富，表明当时对女孩的重视。半坡出土了大量的陶器，器纹是用人脸和鱼身结合而成的人面鱼纹盆，鱼被看作氏族部落的保护神，人们栽种谷物，只有需要时才捕鱼。农具、渔猎工具的出土，反映出半坡居民的经济生活为农业和渔猎并重。陶器有粗砂罐、小口尖底瓶等。彩陶十分出色，红地黑彩，花纹简练朴素，绘有人面、鱼、鹿、植物枝叶及几何形纹样。从陶器上也发现二十二种符号，可能是一种原始文字。

夏商周时期（前21世纪—前221年），是我国古代礼制的成熟期，也是中国古代礼制最为规范的时期。"礼以酒成"，无酒不成礼，因此，夏商周时期也是我国酒礼最复杂、酒与政治结合最为紧密的时期。正因为夏商周时期酒礼最受重视，因此，酒器发展也最为迅速，青铜酒器也就成为夏商周三代青铜文明中最为辉煌的亮点。

河姆渡文化

河姆渡文化的成就，不但令考古学家和历史学家们赞叹不已，也使他们不得不重新考虑——中国古老文化的摇篮并非只有黄河流域，长江流域也是中华民族文化的一个古老摇篮。

1976年，在浙江省余姚县河姆渡发现了一种过去不曾知晓的原始文化。它位处江南，同黄河流域的仰韶文化同样古老，可是文化风貌却大不一样，别具特色。比如，仰韶文化中的主要农作物是"粟"，可这里种植的却是水稻。稻谷堆积得很厚，初出土时，稻叶色泽如新，叶脉清楚可数，须根也完好无缺，连稻壳表面的稃（fū，小麦等植物的花外面包着的硬壳）毛都明晰可辨！经鉴定，属于人工栽培的籼（xiān，水稻的一种，米粒细而长）稻。

31

　　古书上说，神农氏"制耒耜（lěi sì，古代一种像犁的翻土农具），教天下种五谷"。可是，几十年来在黄河流域发现的原始农具只有石斧、石铲、石镰等，从来未能确知耒耜为何物。欣喜的是这次河姆渡遗址发掘中出土了几百件骨耜，有的骨耜出土时，柄与耜结合地方的绳索捆缚痕迹还清楚可见。这是考古工作中的一项重大发现，对研究长江流域的原始经济和社会形成有着重大意义。

　　中国的木构建筑技术是富有民族特色和历史传统的。比如，北京天坛公园中的祈年坛，偌大的建筑，完全是榫卯（sǔn mǎo，古代中国建筑、家具及其他器械的主要结构方式，两个构件上采用凹凸部位相结合的一种连接方式，凸出部分叫榫，凹进部分叫卯）结构，互相咬合，没有一根铁钉。北京故宫的角楼，更是奇丽多姿，巧夺天工。在北方发现过许许多多的古老遗址，大都是木骨泥墙，有的

还采用过整个屋壁以大火烧结的技术，却没发现有木构建筑的痕迹，这种传统的营造术始于何时何地，一直是个未解之谜。这次在河姆渡遗址中发现了大型木构干阑式建筑，这种建筑使用几千根构件横竖咬合而成，室内地板离开地面有一米多，板与板之间采用企口衔接技术，接口处不见通缝，七千年前已有如此巧妙的建造技术，真是难能可贵了。

大汶口文化

大汶口文化始于五六千年以前，绵延到距今四千年左右。它主要分布在以泰山为中心的山东省境内以及江苏、安徽北部，河南省的东部和中部。也可以说它是河、淮地带的古老文化。

自从原始农业发明以后，历史就由旧石器时代跨入新石器时代了，这大约是在距今一万年的时候。随着农业的发展，母系氏族公社制度也达到了繁盛时期。那时，妇女的劳动在氏族公社的经济活动中居于重要地位，妇女也受到特殊的尊重。河姆渡文化与仰韶文化都是母系氏族公社时期的文化遗存。后来，随着农业与后工业的分工以及各个生产领域劳动的进一步专业化，男性劳动逐渐在生产活动中居于主要地位，使男性也在氏族组织中逐渐取得了支配地位，母系氏族制度也逐渐转变为父系氏族制度。大汶口文化以及继大汶口文化之后的龙山文化等就是这一时期的历史见证。

大汶口文化早期已处于母系氏族制度的尾声，到了中期和晚期，已经是父系氏族社会了。这时，私有制已在氏族公社经济中萌芽，出现了富有家族与贫困家族。这种社会状况可以从大汶口的葬仪中得到证实。

在一些墓葬里，随葬的有猪头和猪下颌骨。随葬的猪头、猪下颌骨越多，表示墓主人越富有。家猪是大汶口氏族家族的一种重要动产。男尊女卑的现象也可以从墓葬中看出来。大汶口的几座男女合葬墓，男子占据中心位置，墓坑较大，随葬品较多；女子处于从属地位，墓坑较小，随葬品寥寥无几。

大汶口氏族公社的富有家族把氏族公社的财产据为私有，包括婢妾在内，并拥有很多的粮食和家畜。他们的粮食吃不完，用来酿酒，家里有成套的酒器，用来享受。但是，大部分氏族公社成员只有一些生产工具和少量生活上必用的普通陶器，他们过着贫困的生活。私有制的产生和发展，必然导致贫富两极分化，由此逐步产生了阶级，原始公社制走向尽头。

在大汶口墓葬中，明显地分成大墓和小墓群。大墓中，死者往往使用几十根原木横竖咬合，叠成"井"字形棺椁（guǒ），随葬有大批财物。其他大汶口文化的墓葬也是这样。有的随葬陶器多达一百二十多件，远远超过了死者生前的实际生活需要。有的还随葬有镂花象牙筒、鳄鱼鳞板、五铲、龟甲等珍奇物品，以显示其生前的富有。可是其他许多小墓却只挖有才容得下尸体的小坑，除了一具尸骨之外，别无他物。龙山文化时期，这种贫富分化已经更日甚一日了。为什么有些人拥有那么多奇珍异宝而那么多人却赤贫如洗？显然，这个时期私有制的发展已把以公有制为特点的氏族公社制度弄得破败不堪了，平等的氏族成员逐渐分化为不平等的阶级。

中国原始社会从此由解体到崩溃，大踏步地迈向文明时代了。

木器时代

按生物进化的规律推断，人类最初从动物界分离出来的时候，他们必然居住在森林中，过着以采集天然产品为主，偶尔从事狩猎的生活。这时，树枝随手可得，并易于加工，折断和磨尖成木棒、木枪、木矛等工具，以作采集野果或击毙野生动物之用。因此，人类社会在最初很可能先经历一段以木器工具为主的时代，这个时代，有学者做过推算，大约在公元前360万年至公元前60万年间。

在我国古籍记载中，也有不少关于上古时代使用木器工具的传说。据称，传说中的"昊英之世"，人们"以伐木杀兽"(《商君书》)；传说中的"蚩尤之时"，人民"剥木以战"(《吕氏春秋》)；传说中的"神农氏"时期，曾"斫(zhuó，用刀、斧等砍)木为耜，揉木为耒"；到"黄帝、尧、舜"时期，又"断木为杵，掘地为臼"(《易系辞》)。上述这些记载，能否证明人类社会初期经历过一个木器时代呢？有人指出，"伐木""剥木""斫木""断木"，必然要借助于其他工具，特别是石器工具去完成。因此，当时的工具仍应是以石器为主的。

对于人类社会初期的状况，考古学家们一般是以发掘到的生产工具为依据，把它分为石器、铜器和铁器等几个演进时代，为了更细致地考察其中的差别，考古学上又把石器时代分为旧石器时代、中石器时代和新石器时代三个发展阶段。

然而，在旧石器时代之前还有没有一个以使用木器工具为主的时代呢？这是原始社会史研究中尚待解决的问题。

理论需要用实物证明，在考古发掘中，是否发现过人类初期使用的木制工具呢？当然，由于木质容易腐烂，木制工具或工具的本质部分不可能像石制工具那样完好地保存下来，但是零星的实物还是有的，一些论述原始文化的著作证明："欧洲已发现过两件旧石器时代早期的木器，其中一件是用紫杉木做的木矛的木梢，另一件是用紫杉木做的矛头，尖端是用火烧法硬化过的"；"在非洲早更新世（前100万——300万年）的静水堆积中也曾发现过木质工具"（见《石器时代文化》，科学出版社1965年版）。我国著名考古学家贾兰坡先生在论述周口店北京猿人的生产工具时也认为："在当时的条件下，最得力的狩猎武器还应该是木棒和火把。"（《周口店——"北京人"之家》）

特别值得指出的是，一些学者对不久前尚存在的现代原始人的生活做了考察，他们在论述现代原始人所使用的生产工具时写道："达斯马尼亚人投掷用的棍棒和投枪，几乎能给予大动物以致命的打击"；"秘鲁的原始民的农具，这是由尖锐的棒和踏脚的横木，以及扫帚形的头而成"（《氏族社会的生产力》，上海辛垦书店1935年版）；"澳洲土人常使用投枪，其形状亦有种种，长约三英尺之棒，其一端附之以柄，他端则附以木钩，此为主要形式"；"印第安人之武器仅有极长之竹、木枪，以鸵鸟之毛羽装饰之，其尖端则附以尖锐之木枪刃"（《化石人类学》，商务印书馆1951年版）。可见原始人主要是使用木制工具。

与上述证明有木器时代的意见相反，有些学者认为，人类对木制工具的使用，不会比石头早，同时，木棒的加工和修理，也只有在使用石器的基础上才能进行。因此，早期猿人的主要工具应是石器，不能说在人类初期有一个单独的木器时代。国外考古发现的零星木制工具，都不过是说明了石器时代的人类使用过木器而已。况且，在中国的许多古文化遗址中，极少有木器被发现。因此，关于有没有木器时代的讨论，到目前为止双方都拿不出真凭实据。

在这个问题上，马克思主义经典作家们的意见如何呢？马克思曾经指出人类使用工具的进化顺序是："由粗木棍和打制得很粗笨的石器过渡到弓箭，过渡到制造石斧，过渡到骨器，最后过渡到应用金属。"（《资本论》第一卷）。恩格斯也认为，人类"最初的武器即棍棒和戈矛"（《家庭、私有制和国家的起源》）；"在人用第一块石头做成刀子以前，可能已经经过很长很长的一段时间"（《劳动在从猿到人转变过程中的作用》）；列宁也论述过人类的最初阶段是"使用棍棒的猿猴群或原始人"（《国家与革命》）。这里，马、恩、列都认为，人类最初的工具（或武器）是木制棍棒。但是否可以说，人类最初经历的"很长很长的一段时间"就是木器时代呢？显然，马克思主义经典作家们对此并没有得出明确的结论。

彩陶上的纹饰

前面已提到，远在一万八千年以前，山顶洞人就有了爱美的观念和习俗，他们用海蚶壳、兽牙、鱼骨、砾石、石珠等制造出了漂亮的装饰品。我们的祖先就是这样，利用一切天然条件装扮自己，追求美观。那么，哪里是他们美的历程的源头呢？

摆在我们面前的是只红底白花的彩陶盆，盆内正中绘有人头像，两旁辅以鱼纹图案。人头像那胖胖的圆脸上，双眼眯成一条细缝，张着大嘴笑眯眯的样子，很惹人喜爱。这件富有想象的工艺美术品，就是半坡遗址出土的人面鱼纹盆，它告诉人们：人类的审美意识和艺术活动，并不是文明社会才有的。

艺术是源于生活的。只有在长期的渔猎活动中，细致地观察过各种动物的姿态，才能创作出如此生动真实的写生画。你看，这些彩绘图案中，有奔驰的狗，跳跃的鹿，轻捷的蛙和拙钝的蟾蜍，张开翅膀的野鸭和嘴中衔鱼的水鸟，还有形态各异，在水中游动的鱼等，真是栩栩如生，让人看了赞叹不已。

除了动物图案，彩陶上的纹饰，主要是几何线条，大抵有三角纹、涡纹、条纹和圆点纹等几种。这些几何条纹组成各式各样的图案，交互组织，变化繁复，富有图案装饰的意味。

在原始艺术中，绘画、雕刻起源较早。如同西班牙的狩猎壁画，法国南部"鬼火炕"山洞中的野牛图，瑞典岩石上的牛耕图那样出名。

中国原始绘画中，仰韶型彩陶上的各种纹饰最富有代表性。真正显示中国画特色的原始绘画，是河南临汝阎村发现的鹳（guàn，鸟的一种，羽毛灰白色或黑色，嘴长而直，形似白鹤）鱼石斧图，图中的鹳昂首挺立，体微后倾，圆眸，长嘴，叼着一条大鱼，形态逼真；旁边竖立着一根带柄石斧，柄部刻画绳索花纹，这幅图画在陶缸上，勾线用墨，线条流畅简练，着色也很好。这充分反映了中国画古朴优美、雅致明快的风格。

雕刻中牙雕最能代表当时的工艺水平，如大汶口出土的透雕象牙梳和象牙雕筒。象牙梳共17根梳齿，梳子顶端镶嵌着3个未雕透的圃点，梳子下透雕着复线"8"字纹；象牙筒用整段象牙切削雕镂而成，筒身周围布满剔透的花瓣纹，由花瓣交错组成的图案新颖别致，非常精美。可见，我国的象牙雕刻有着悠久的历史渊源。

骨雕、石雕、陶雕及其造型技术也十分精彩，如河姆渡出土的姿态生动的鸟纹骨匕、短足垂腹的陶猪、昂首匍匐的陶羊，甘肃永昌出土的睁眼张口的石雕人头像，半坡出土的猫头鹰面形的陶罐器盖和隆鼻凸目的陶塑人像，陕西华县出土的大型鹰鼎等，都反映了原始人丰富的想象力和古朴的艺术风貌。

原始人在共同生活中，为了表达思想感情，渐渐产生了原始音乐和舞蹈。

氏族部落每逢作物丰收，婚姻喜事，或重大的宗教仪式，都会举行集体庆祝活动。最初，口中念念有词或狂呼高喊，便是歌或诗；各种敲打齐鸣，就是乐了；他们身体不断地跳动，就算是舞蹈。"诗，言其志也；歌，咏其声也；舞，动其容也。三者本乎心，然后乐器从之。"这虽是后代的记述，却仍不掩其混沌一体的原始面目，它们是原始先民特有的区别于物质生产的精神生活。

原始舞蹈后来发展到模拟动物的动作，"鸟兽跄跄""凤凰来仪""百兽率舞"，描写了原始先民化装成各种鸟兽的形象跳舞的情景。而比这复杂一点的是抒情舞蹈，青海大通县上孙家寨出土的一个彩陶盆，上面就描绘了原始歌舞的场面：陶盆内壁上画有15个人，分3组，每组5人；舞者头上垂有发辫，并肩携手，翩翩起舞，饰带随风飘拂，真是轻盈齐整，协调一致，生机盎然，稚气可掬，流露出一派鲜明、活泼、纯朴和天真的气氛。

乐器的出现，比歌舞要晚。各地发现的陶埙，两头尖而长，上下贯穿一孔，是当时流行的吹乐器，河姆渡遗址出土的骨哨，用禽类肢骨制成，中空，一侧有孔，形状和现代的竹哨相似。

有趣的是，浙江博物馆曾经举行一场独特的器乐吹奏表演，一位笛子演奏家，用七千多年前的骨哨，吹奏出各种不同的声音和乐曲，使今天的人们领略了一次原始音乐的风味。

原始艺术是丰富多彩的，它折射出我们祖先的无穷智慧，凝聚着中国史前社会的精神文明。

龙凤图腾

凌空腾飞的"龙"的形象，作为中华民族的象征，早已得到世界认可。然而，它最初出现，却是远古时代人们图腾崇拜的产物。龙，是原始人把蛇加以神化的超现实现象。在古代传说里，"神""神人"或"英雄"，大抵都是"人首蛇身"。文献记载，远古的华夏氏族在形成过程中，是以龙图腾为主的。

与龙蛇同时或稍后，凤鸟则成为中国东方集团的另一图腾符号。正如"龙"为蛇的夸张、增补和神化一样，"凤"也是鸟的神化形态。传说中凤凰是众鸟之王。"人面鸟身""五彩之鸟""凤鸟自舞"……在《山海经》中亦多见，它们不是现实的对象，而是幻想的对象、观念的产物。

龙飞凤舞——也许这就是文明时代来临之前，在中国大地上，高高飘扬着的两面具有悠久历史的图腾旗帜。

"图腾"一词，原是北美印第安人的语言。意思是亲属，表示氏族的徽号或标志。图腾崇拜，是相信人与某种动物或植物有着亲属关系，认为每个氏族都起源于某种动物或植物，因此，把某种动物或植物作为本氏族的象征和保护者。这种图腾崇拜，是母系氏族社会极其盛行的一种原始宗教形式。

宗教是一种特殊的社会意识形态。宗教观念并不是人类所固有的东西，它是人类社会生产力发展到一定阶段的产物，又是生产力发展水平不高的表现，反映了人类在生产斗争中的软弱无力和对自然力的盲目依赖。

原始宗教有哪些表现形式呢？大体可以分为两大类：一类是对自然力和自然物的直接崇拜；另一类是对精灵和鬼魂的崇拜。

原始人最初崇拜某些对人类最有影响的自然力，如风雨和雷电、干旱和野火、严寒和酷热等，经常威胁着原始人的生存，使他们难以克服和抗拒，因而在他们的心目中，也就有不可思议的神秘感和恐惧心理，这样才开始产生了对自然崇拜的宗教信仰。"一切宗教都不过是支配着人们日常生活的外部力量在人们头脑中的幻想的反映。"

土地为万物的负载者，大地无边，力量无穷。人们春播秋收，没有土地就不能生活。因此，出现了地母崇拜，许多原始部落举行的播种节、丰收节都与土地崇拜有关，有些对土地崇拜的宗教仪式是流血的，我国古书上就有"以血祭之社稷"的记载，不仅我国古代有"地母"之称，古希腊神话中，也把地神称为"地母"。

日月星辰，变化无常。因此，天体是人类最先崇拜的对象，特别是太阳、月亮等。在我国新石器时代的陶器上，曾发现一些太阳纹、日月山等形象，可能是对太阳等崇拜的一种遗迹。在我国某些民族中，把太阳神秘化和多数化，后来就出现了射日的传说。日本至今还有人供奉被认为太阳化身的开国女神"天照大神"。古希腊曾建有日神"希利奥斯"之庙。所有这些，都是原始宗教日神崇拜的残余。

崇拜动植物也是自然崇拜的重要内容之一。原始人看到某些动物在形象上具有与人近似的地方，如会走路，会发声音，有四肢、面孔等。有些动物还能做出人所不能做出的动作，如鸟的飞翔，鱼在深水中游弋自如等；植物的生命力和繁殖力之强大，也使人迷惑不解。所有这些都容易使人进一步幻想和产生歪曲的认识。

更重要的是，在采集和渔猎阶段，动物和野生植物成了支持人类生存的必不可少的条件。如龙蛇图腾最早起源于我国江南的水乡泽国，这里远古时代多产鳄鱼和蛇类，南方氏族的人们一方面经常捕其为食，另一面也深受其害，因而产生崇拜这些动物的心理。对动植物的崇拜后来发展成为抽象的图腾崇拜。

在远古时代，人们还完全不知道自己身体的构造，并且受梦中幻觉的影响，以致把精神同肉体分离开来，视精神独立于内体之外。原始人对精灵和鬼魂的崇拜就是这样产生的。相信万物有灵，灵魂不死，是原始宗教的思想基础。

在巫术、葬礼、祭祀等宗教仪式中，人们以满足神灵的种种要求的形式，来寻求自我安慰。就拿葬礼来说吧，山顶洞人在伙伴死后，要把死尸埋进氏族的住处，并在其尸体周围撒上赤铁矿粉末，希望给死者以再生的鲜血和生命，这大概是最遥远的巫术礼仪了。

考古发现表明，龙山文化和齐家文化的居民用羊肩胛（jiǎ，肩膀上部左右两块三角形的扁平骨头）骨或牛、猪、兽骨占卜、预测吉凶祸福。大汶口文化的一些墓葬，随葬品中也有龟甲，通常放在死者的腰部，这是因为当时的人们相信龟甲有灵，带着它可以免遭灾祸。对鬼神的崇拜，后来发展成为对祖先的崇拜。

原始宗教就像一面粗糙、变形的镜子，虚幻、歪曲地反映着原始社会人类生活与自然界之间的矛盾。

颛顼和帝喾

颛顼（前 2514—前 2437 年），中国历史中的一位传说人物，为五帝之一。相传颛顼（zhuān xū）是黄帝的孙子，是九黎族的首领。他父亲是昌意，昌意相传是黄帝与嫘（léi）祖的次子，封于若水，娶蜀山氏之女昌仆为妻，生颛顼。颛顼性格深沉而有谋略，十五岁时就辅佐少昊，治理九黎地区，封于高阳（今河南杞县东），故又称其为高阳氏。黄帝死后，因颛顼有圣德，立为帝，时年 20 岁。

帝颛顼所居玄宫为北方之宫，北方色黑，五行属水，因此古人说他是以水德为帝，又称玄帝。帝颛顼以帝丘（今河南濮阳）为都城，以句（gōu）芒为木正，蓐（rù）收为金正，祝融为火正，玄冥为水正，句龙为土正，合称五官。他即位后，严格遵循黄帝的政策行事，使社会安定太平。传说在黄帝晚年，九黎信奉巫教，崇尚鬼神而废弃人事，一切都靠占卜来决定，百姓家家都有人当巫史搞占卜，人们不再诚敬地祭祀上天，也不安心于农业生产。颛顼为解决这个问题，决定改革宗教，亲自净心诚敬地祭祀天地祖宗，为万民做出榜样；又任命南正重负责祭天，以和洽神灵；任命北正黎负责民政，以抚慰万民，劝导百姓遵循自然的规律从事农业生产，鼓励人们开垦田地；禁断民间以占卜通人神的活动，使社会恢复正常秩序。

他聪明敏慧，有智谋，在民众中有很高的威信。他统治的地盘也大了很多，北到现在的河北省一带，南到南岭以南，西到现在的甘肃一带，东到东海中的一些岛屿。史书上描述说，颛顼视察所到之处，都受到部落民众的热情接待。

帝喾（kù），名俊，号高辛氏，是黄帝曾孙，玄嚣孙子，父亲叫蟜极，颛顼是他的堂房叔父。相传帝喾生于穷桑（西海之滨），母握裒（póu）因踏巨人足迹而生。帝喾少小聪明好学，十二三岁便有盛名，十五而佐颛顼，封有辛地（今河南商丘），实住帝丘（今河南濮阳），三十而得帝位，迁都亳邑（今河南偃师县西南），在位七十年，享寿百岁。死后葬于濮阳顿丘城南台阴野之秋山（另一说法是帝喾死后葬于商丘市睢阳区南20公里的高辛集）。

传说帝喾有四妃，长妃叫姜原，是有邰国（今陕西武功县。邰，tái）君的女儿。相传姜原在娘家时，因出外踏上巨人脚印而怀孕，因无夫生子，所以把生下的孩子分三次弃于深巷、荒林与寒冰上，均得牛羊虎豹百鸟保护不死，所以起名叫"弃"。弃长大后喜欢农艺，教人种五谷，被尊为后稷，成为周民族的祖先。次妃简狄，是有松国（今甘肃高台县）君的女儿。相传简狄在娘家与其妹子建疵在春分时到玄池温泉洗浴，有燕子飞过，留下一卵，被简狄吞吃，后怀孕生契，便是商族的祖先。三妃庆都，相传是大帝的女儿，生于斗维之野（大概在今天津市蓟县），被陈锋氏妇人收养，陈锋氏死后，庆都又被尹长孺收养，后来随养父尹长孺到今濮阳来了。庆都头上始终覆盖着一朵黄云，被认为是奇女，帝喾母闻之，劝帝喾纳为妃，后生尧。现濮阳有庆祖，原名叫庆都，有庆都庙，此地名是否与庆都来濮阳有关，未见史书记载。四妃常仪，聪明美丽，发长垂足，先生一女叫帝女，后生一子叫挚。挚与尧都继承了王位，做了帝王。

帝喾非常喜欢音乐，他叫乐师咸黑（别名咸丘黑）制作了九招、六列、六英等歌曲，又命乐垂做鼙（pí，一种小鼓）鼓、钟、磬等乐器，让64名舞女穿着五彩衣裳，随歌跳舞。在音乐鸣起之后，凤凰、大翟等名贵仙鸟也都云集殿堂，翩跹（形容轻快地旋转舞动的样子。跹，xiān）起舞。古时认为只有德行高尚的人才能招来凤凰。

帝喾好巡游，他东到泰山、东海；东北至辽宁；北到涿鹿、恒山、太原；西北至宁夏、甘肃；西南至四川；南到湖北、湖南至长沙。他几乎游遍五岳，参观了女娲、少昊、黄帝等先人的遗迹。这些传说虽未必真实，但略见当时中国地域之辽阔。

帝喾时战事不多，只在帝喾带领常仪、帝女南巡时，在云梦大泽遇到了房王作乱。当时帝女带着一只有神通的狗，名叫盘瓠（hù），盘瓠暗暗跑到敌营，咬死了房王，平息了祸乱。至于说帝喾将自己的女儿和宫女许配给盘瓠，各生十二男女，分送到湖南、浙江两地，那就更荒唐了。

第二篇　夏・商・周

禹伐三苗

国家和民族都是阶级社会的产物。各个地区性的氏族、部落联盟间的兼并战争日益加剧，各部落联盟都想扩大自己的地盘，增强自己的势力。尧、舜、禹为中原地区华夏部落联盟领袖时，我国正处于夏族建立国家和华夏族形成的前夕。华夏部落联盟是中原地区最大最强的一个，而活动在长江中游以南的三苗部落联盟则是南方势力最强的一个，华夏部落联盟要向南扩展势力，必然会受到三苗部落联盟的阻挡，而三苗部落联盟要越过长江向北扩展势力，也必然与中原地区的华夏部落联盟发生冲突。就这样，在尧、舜、禹担任部落联盟领袖期间，与三苗部落展开了长达一百多年的争夺战。

三苗，在古史书中又称苗、蛮、南蛮。相传为颛顼的后代，也有说他们的祖先是帝鸿氏。帝鸿氏有一个不成才的儿子叫浑牧（四凶族之一），据学者考证，浑牧就是驩（huān）兜。他曾是三苗中最有势力的一个酋长。在尧时被流放到崇山（嵩山），可能后人向南迁徙，成为南蛮中的一个部落。三苗可能是由三个氏族或部落组成的一个部落联盟，他们的活动区域很广，据战国时著名军事家吴起说："昔者三苗之居，左有彭蠡（li）之波，右有洞庭之水，文山在其南，而衡山在其北，恃此险也，为政不善，而禹放逐之。"（《战国策·魏策一》）彭蠡指今湖北东都和江西鄱阳湖一带，古代此地区湖泽较多；古洞庭范围较广，大体上包括今湖北南部和现在的洞庭湖；文山在今江西吉安东南；衡山指现在安徽霍山。三苗就是仗恃着这样一个有利的天险地区，经常侵扰其他氏族、部落（为政不善），最后才被禹赶走（禹放逐之）。

　　三苗早在尧时就有一部分越过长江到达今河南南部和湖北西北部一带活动，三苗与尧在丹山（今流经河南到湖北注入汉水的丹江。有的学者认为此丹水在古冀州境内，即今山西东南部）展开大战，结果被尧打败，归顺了尧。尧并没有跨过长江与三苗的其他部落再战，而是采用分化策略，将归顺的那部分苗人迁到三危一带（今甘肃敦煌东南一带。有的学者认为"三危"在甘肃陇西县西北）。舜时又将三苗中归顺的一部分苗人迁往北方。同时为了防止三苗再反叛向北越过长江，便采用交往策略，以改变三苗人的习俗。但三苗部落联盟中各个氏族、部落的情况各不相同，有的已进入定居农耕阶段；有了贫富分化，阶级也已形成；有的尚处于不定居游牧阶段，这部分人的流动性很大。所以，尧舜采用采取了分化北迁，变更其习俗的办法。但应该看到，三苗在江汉流域的势力仍然很大。

　　禹在治理洪水的过程中，三苗也参加了治水工程。但是治水成功后，各氏族、部落都得以论功行赏，只有三苗没受到封赏。三苗因为不服又反叛了。禹准备出兵征伐，但舜制止说："是我们自己德薄，反而要用武力去征伐三苗，这是不道德的事。"于是"修教三年，执干戚舞，有苗乃服"(《韩非子·五蠹篇》)。也就是舜、禹用三年时间来教化三苗，同时又加强练兵。古代练兵是军士一手执防身用的盾牌，叫作干；一手拿斧形兵器，上面插上羽毛做装饰，操练时要奏乐，动作如舞蹈一样整齐协调，所以叫作"执干戚舞"，又叫作"武舞"。三苗知道舜、禹做了文武两手准备，只好归顺了。

三苗在舜推荐禹做华夏部落联盟领袖时，又起兵向禹发动进攻。但此时的禹已经掌握了领导中原地区各氏族、部落的大权，而且已经形成了以夏族为中心的领导集团，禹在这个领导集团中的威令已经具有王权特征。协助禹治水的专掌刑罚的皋陶就曾作出规定：各氏族、部落的人民，如有不听禹的号令、调遣的，就要用刑罚来惩办。禹为了进一步扩大统治区域，进而统一长江流域，决心对三苗进行一次大规模的兼并战争。

相传禹在出兵前，在"玄宫"(祖庙)里举行了一场隆重的祭祀活动。先祭祀上天，后祭祀祖先，祈求上天和祖先给予力量，保佑战胜三苗。祭祀之后，又举行了誓师大会。参加这次誓师大会的有各氏族、部落酋长，也有掌管各种事务的"百官"，禹在会上手握玄圭(一种黑色的玉器，上尖下方，古代用以赏赐建立特殊功绩的人)向参加者宣布："三苗为乱，上天要惩罚他，因为他们不听教化，多次叛乱。如今他们那里妖魔四起、天生异变，黑白颠倒，夜里出太阳，还下了三天血雨，炎热的夏天也有冰冻，大地开裂、涌出泉水，连种的五谷也起了变化。祖庙中出现了青龙，狗也在市中号哭，人民惊恐。我受天地、祖先之命，前去征讨，希望大家同心协力，以诛有罪。"

誓师以后，禹率领约 5000 人的主力队伍南下，沿途又联合了当地一些氏族、部落的兵力，直抵三苗活动的根据地——江汉流域。三苗见禹率军前来征战，也驱军前来抵御。但禹所率领的军队，是有严格组织和经过"执干戚舞"训练的武装，不仅战斗力强，而且目的明确，所以战斗刚开始，三苗的酋长就被禹军射死了。主师丧失，苗军大乱，纷纷四散逃跑，大部分向南退却，一部分向西南方逃走，少数逃向北方、东方。这些苗民逃到各地后，逐渐融合到其他氏族、部落中去了，也有些被俘而沦为奴隶，只有向南退却的苗民得以保存下来。相传后世在湖南、广西、广东以及云南、四川、贵州等地的苗族，其祖先就是三苗。

禹对三苗的这次征伐，虽然不知道最后打到什么地方，但是自此一战，禹的势力已经达到江淮流域，而且北方和东夷的许多氏族部落，也都纷纷向禹表示归顺，这些氏族、部落的人民，后来成为夏王朝的国民。以禹为首的夏族领导集团，在这次战争中俘获了许多苗民，也掠夺了大量财物，这些俘虏被分配给夏族和参加征伐的各氏族、部落首领们，成了他们的奴隶。由于对三苗征战的胜利，以禹为首的华夏部落联盟的势力有了很大的发展，禹的个人权力也远远超过了在地域部落联盟的行使范围。有的古书说，禹战胜三苗以后，"四方归之，辟土以王"（《大平御览》卷882，引《随巢子》）。也就是说，战胜三苗以后，四方归顺，疆土得到开辟，禹开始称王。虽然禹在这时期建国称王不一定切合实际，但夏王朝这个初期奴隶制国家的雏形已经形成，国家代替联盟，奴隶制社会取代原始社会已是不可阻挡的历史洪流。

涂山大会

禹伐三苗的胜利，是夏王朝诞生的前奏曲。在人类历史发展进程中，一种新制度的建立并非一帆风顺的，通常会受到旧势力的阻碍，传统思想、习惯势力总是要在各方面顽强地表现出来，尤其是在社会大变革中，新旧势力的斗争也总是通过各种不同的方式反映出来。我国的奴隶制度就是在氏族、部落间的联合兼并战争中发展建立起来的，夏王朝也是在氏族、部落间的联合与兼并战争中发展建立起来的。

相传舜推荐禹为华夏部落联盟领袖时，已经是 83 岁高龄了，他仍按照部落联盟的传统，让位以后，出外巡守，表示不再参与联盟中的政事。在古书中，"巡守"又作"巡狩"，巡是巡视，狩是打猎。古书中解释巡守为天子巡视诸侯驻守的地方，这是建立了王朝以后的事。在尧、舜时期，虽然部落联盟领袖也到各氏族、部落的所在地去巡守，但部落联盟领袖让位后的巡守，更多的还是一种外出游猎的性质，古代田猎打野兽是一种游乐，同时也是一种军事演习，是一种练兵的方式。舜是从何年开始巡守的我们无从得知，但总归是他让位给禹的三年以后。

关于舜巡守和死的地方，在古书中还有另一种记载，认为舜巡守是"禹逼舜"（《韩非子·说疑篇》），也就是说，是禹把舜逼跑了；认为舜是"卒于鸣条"（《孟子·离娄下》）。鸣条在今河南封丘东。这有可能是指的以舜为首的有虞氏部落和以禹为首的夏族势力壮大后发生矛盾，起了分化，一部分南迁，一部分东迁，后来在兼并中也融合到华夏族中，成为夏王朝的国民了。

53

舜出外巡守时，除率领军队外，还将他的两个妻子——娥皇、女英带上了，巡守的路线由北向南，一路上停停走走，跨过长江来到苍梧山区，终因年纪太大，病死在苍梧，葬在九嶷（yí），这里就是后来叫作黄陵的地方，在现在湖南宁远县的东南部。

神话中"二妃泪洒斑竹"的故事，就叙述了舜南巡的事。故事说，舜带着娥皇、女英"二妃"南巡到了湘水边，二妃见湘江两岸长满了青青的竹子，非常喜欢，于是舜就把她俩留在湘江边上等候他，然后自己领军继续向南巡守。但到了第三年，舜走到苍梧就得病死了，凶信传到在湘水边上等候他的娥皇、女英那里，"二妃"沿着湘江抚竹恸哭，哭得眼中流出鲜血。血泪洒在青竹上，留下痕迹，最后泪也哭干了，就双双跳入湘江中。后人为了纪念舜和娥皇、女英，在九嶷修建了舜庙，在湘江边上修建了二妃庙，叫作黄陵庙，把湘江边上生长的竹子叫"湘妃竹"，把生长在洞庭湖和湘江流域的一种竹皮带有斑点的竹子，叫作"斑竹"，认为那是娥皇、女英的血泪所染。

舜死后，禹按照华夏部落联盟的传统，为他举行了祭奠，办理丧事，守孝三年。当时，禹的势力已经很大，但他还是按照部落联盟的传统，表示让位给舜的儿子商均，自己住到老根据地阳城去了。此时，形势已经和以前大不一样了，所谓"天下诸侯皆去商均而朝禹"（《史记·夏本纪》），也就是四方拥护禹的氏族、部落的酋长们，都不去朝见商均，而去朝见禹，表示拥护禹做领袖，这是社会发展的必然趋势。"禹于是即天子位，南面朝天下，国号曰夏后，姓姒（sì）氏"（《史记·夏本纪》）。我国历史上的第一个王朝——夏王朝就这样诞生了。从时间上来推算，这是在公元前2100年至公元前2000年之间的某一年发生的事。夏后即夏王，古书中称的夏后氏，就是指以禹为首的姒姓夏族。

禹建国时的都城在何方，古书中的记载不同，史学家们的说法也不同。见于记载的有阳城、阳翟、平阳、安邑和晋阳。阳城在今河南登封告城镇，阳翟在今河南禹县，平阳在今山西临汾西南，安邑在今山西夏县西北，晋阳在今山西太原市南的晋源镇。上述五个地方除晋阳外，都分布在今河南西部和山西西南部。从关于夏文化的发掘考察来看，部分学者认为设在河南西部的可能性较大。

禹建立的夏王朝，以原华夏部落联盟为基础，统治地区由原来的中原地区扩大到黄河上下，大江南北。当时，这些地区小邦林立，社会发展阶段也各不相同，虽然，禹伐三苗的胜利迫使这些氏族、部落统一在他的领导下，但仍然只是一种联盟的形式。而且，在当时，地处东方的东夷部落势力也很强大。禹征三苗时，曾想联合东夷共同出兵，可"禹攻三苗，而东夷之民不起"(《战国策·魏策二》)。东夷集团与三苗有婚姻关系，当然不愿助禹攻三苗。但也应看到，东夷部落中的一些氏族酋长，又与华夏部落联盟有联盟关系，如皋陶和益，都是来自东夷的氏族酋长，在舜时就在联盟中担任过职务，后又协助禹治理洪水，所以尽管夷之民不愿助禹伐三苗，禹也没有对东夷用兵。禹建立夏王朝以后，为了缓和与一些氏族、部落的矛盾，先封尧的儿子丹朱于唐（今山西翼城西），封舜的儿子商均于虞（今河南虞城西北），使其"皆有疆土，以奉先祀"(《史记·五帝·本纪》)；禹做部落联盟领袖时，曾准备推荐皋陶为自己的接班人，但皋陶死得早，禹因皋陶最贤，所以封其后人于英〔春秋时期的蓼（liǎo）国，在今河南固始东北〕和六（今安徽六安境内）；同时又封与夏同姓的姒姓氏族、部落以及与夏后氏有婚姻关系的酋长们，如司马迁所说的有扈（hù）氏、有男氏、斟寻氏、彤城氏、褒氏、费氏、杞氏、缯（zēng）氏、辛氏、冥氏、斟戈氏，以及原来的一些氏族、部落为诸侯。

　　安抚了华夏部落联盟中的各氏族、部落之后，为了统一江南地区各氏族、部落和巩固对东夷的统治，"禹南省方，济于江"（《淮南子·精神训》）。"省方"就是巡视，禹是以天子的身份到东南各地去巡守。当禹走到涂山（此涂山又名当涂山，在今安徽蚌埠市西，淮河东岸。有的古书中说，"禹娶涂山氏女"之涂山即此地，这种说法不准确。据研究，涂山氏部落应在三涂山，在今河南嵩县西南，伊河北岸）时，就住了下来，和各方诸侯约定时间来涂山相会。到了相会的时间，从四方赶来的氏族、部落酋长多达万人，而且都带来了朝贺的礼物，大国进玉，小邦献帛，所以后世史家说："禹会诸侯于涂山，执玉帛者万国。"此次诸侯相会，举行了隆重的祭仪，祭天祀土，表示禹是受命于天帝，是天之子，从而掌管天下，同时也奏起大夏之乐，表演干羽之舞。许多从边远地区而来的诸侯、方伯（泛指地方长官），看到如此有礼仪的祭祀，欣赏了如此声情并茂的乐舞，对先进的中原文化赞不绝口，不得不佩服禹领导有方；大夏之乐又歌颂了禹治水之功，干羽之舞又显示出夏军的威武雄壮。于是，那些诸侯、方伯同声称颂禹的功德，都表示愿臣服于夏王朝，岁岁称臣，年年纳贡。禹虽然显示出天子的威仪，但为了扩大夏王朝的疆域，巩固王朝统治，将各地的氏族、部落统一于夏王朝，就封前来相会而未有封号各氏族、部落酋长为诸侯或方伯，并和各方诸侯、方伯商定每年向夏王朝进纳贡赋的种类、数量，最后向大家宣布了规定的贡献。这些来自黄河流域、大江南北的诸侯、方伯也表示会遵照天子之命执行，不起二心。

　　涂山大会诸侯，是禹向天下四方宣告夏王朝建立的一个标志，也是禹力图统一全国的体现。禹未用武力征伐而使四方诸侯（氏族、部落）臣服，一方面是禹平治水土，发展了农业生产，使人民安居乐业，有功于全国人民，人心归服；另一方面是社会长期发展的必然结果。氏族社会发展到末期，各氏族、部落的内部经济都在不同程度上有较大发展，如在黄河流域和江淮两岸的一些氏族、部落内部，较早地开始了分化。伴随着社会财富的逐渐增加，阶级分化日益明显，以掠夺异族财富、人口和扩大地域为目的的兼并战争也在增加，在这些长期的、大大小小的兼并战争中，各氏族、部落都力图将其他氏族、部落统一于自己的势力之下。以禹为首的夏族在这些氏族、部落中是势力最强大的，对三苗征伐的胜利，显示出夏军巨大的军事威力，因此统一天下的任务由禹建立的夏王朝来完成，是顺理成章的事。

涂山大会以后，禹为了纪念这次历史意义重大的盛会，将各方诸侯、方伯进献的金（青铜）铸了九个青铜鼎，象征着统一天下九州万国，为夏王朝镇国之宝，这就是所谓的"远方图物，贡金九牧，铸鼎象物"（《左传·宣公三年》）。

夏启建国

传说中的有扈氏是夏启的庶兄，但很可能是一个部落的名字。《史记·夏本纪》记载："有扈氏不服，启伐之，大战于甘。"即有名的甘之战。

甘是在有扈氏境内南郊的一个地方。传说尧为部落联盟首领时，尧年老后禅位给四方部落首领推举的舜，舜年老后又禅位于治水有功的禹。禹在涂山（今河南西部）娶涂山氏（可能是当时的一个部落或方国）长女为妻，生子启。伯益是和禹同时代的人，传说他曾帮助禹治水，并"作井"（发明挖井）、"作占岁"（发明占卜），还负责管理过山林川泽。但是，伯益辅佐禹的时间很短，没有取得天下民众的拥护。禹年老后，按照传统的禅让制，把部落联盟首领的职位传授给伯益，没有传授给启，但"以启为吏"，给了启很高的职位。后来，禹东巡至会稽而崩。这时，启已经拥有相当大的实力，许多诸侯都反对伯益而拥护启，启自己也积极活动，企图代替伯益做部落联盟首领。伯益发觉了这件事，于是拘困住了启。

后来，启设法摆脱拘困，率领部下攻击伯益，并杀掉了伯益，即传说中的"益干启位启杀之"，启于是继位，做了部落联盟首领，结束了禅让制。启继位后，建立了世袭王权，都阳城。因为启的部落名夏后氏，故史称夏朝。

夏朝建立后，不少部落对启不服，意欲取而代之。于是"启在钧台之享"，在钧台（今河南禹县）召开部落大会，勒令各部落拥护自己；还"征西河"，征伐反叛自己的西河部落。反叛夏启的部落中，势力最大的是有扈氏。在讨伐有扈氏之前，夏启就在甘这个地方誓师，列举有扈氏的罪状，说有扈氏蔑视国家大法，懈怠掌管政事，说自己是执行天的意旨，兴兵剿灭有扈氏。同时告诫士兵，如果战车左边的士兵不努力射箭，战车右边的士兵不用戈矛奋力刺杀，驾车的士兵不控制好战车，那都是不服从命令，他会在神位面前惩罚那些不服从命令的士兵，或贬为奴隶，或杀死他们；如果士兵们都英勇杀敌，他就会在神位面前赏赐他们。这次战争规模很大，战斗也很激烈。最后有扈氏被启击败，其部族从此灭亡，天下归于一统。

太康失国

禹在领导人民治理洪水的过程中，逐渐得到了部落氏族成员的信任。按照惯例，各部落首领推举皋陶做禹的继位人，可是皋陶先死了，于是大家又推举皋陶的儿子伯益做继承人。伯益是个很能干的人，他善于出主意、想办法。据说舜在位时，想开辟土地，建设村落，伯益就用火烧掉一大片山林赶走野兽，开辟了大块农田；禹治水的时候，伯益跟着禹跋山涉水，疏通河道；伯益发现地下也能挖出水来，发明了水井，叫"伯益作井"。

禹在位的时候，部落联盟的民主制度已经被逐渐破坏。禹在领导人民治理洪水的过程中，得到广大人民群众的支持，也博得了众多部落首领的拥护，顺利取得了最高统治地位，被拥戴为"夏后氏"，成为夏之族最高的君长，确立了禹的王权。

禹让伯益主持部落联盟的事务。10年后禹死了，禹的儿子启杀了伯益，继承禹的联盟首领职位，建立了夏朝。从此以后，"禅让制"变成了"世袭制"；"公天下"变成了"家天下"。夏由原来十几个部落组成的部落联盟的名称变成中国的一个奴隶制王朝的名称。

在禹确立王权的过程中，战争也起了加速作用。禹在征伐汉水流域的三苗部落时，对部下说："众战士，听我告诉你们，不是我有意要劳烦你们，实在是三苗他们故意作乱，上天要求我来对他们进行惩罚。让我率领你们，执行上天的意志，对三苗进行惩罚吧。"他率领众多部落首领，以奉行天命自居。这表明他已经掌握了最高的王权，取得了夏后的地位。惩罚三苗是禹指挥的一场大的战争，通过这些战争活动，禹的地位一步步加强了。

为了巩固王权和地位，禹在涂山大会夏、夷诸部众多邦国或部落的首领，这就是"涂山之会"，史书上说："禹合诸侯于涂山，执玉帛者万国。"原来众多的部落首领，到此时大都转化成了世袭贵族，分别成为各个邦国的君长。他们前来参加大会，对禹朝贡，行臣服的礼节，成为王朝统治下的诸侯。历史学家认为，这次大会是夏王朝正式建立的重要标志，所谓"公天下"已名存实亡了。

禹死后，启便在夏部落奴隶主贵族的支持下，废除了禅让制度，继承了父亲的职位。伯益反对启的政权，结果被启消灭了。当时，有个叫有扈氏的部落，为维护禅让制度，起兵反对启，和启在甘地展开一场大战，也很快就被启打败了。有扈氏的子孙被罚做牧奴（从事放牧的奴隶）。启为了镇压奴隶们的反抗，打击旧势力，巩固新政权，把原来的部落联盟机构转变成了专政机关。我国第一个奴隶制国家——夏朝就这样产生了。

为什么到启的时候，会发生这么大的社会变革呢？这不是偶然的，它是私有制发展的必然结果——经济基础的变革必然引起上层建筑的变革。当时，随着氏族部落间掠夺战争的加剧，越来越多的俘虏变成了奴隶。在氏族内部，由于私有制的发展，耕地逐渐被分配到各个家庭使用，一夫一妻的小家庭开始成为社会经济单位。在这种情形下，富有家庭的家长们为了得到更多的财富，开始掠夺本氏族成员的生产资料，社会财富日益集中在少数人手中，部落首领和富有家庭的家长成为奴隶主；而多数人因为丧失了生产资料，成为平民或游民，有的还被迫为奴隶主劳动，沦为奴隶。于是社会上形成了奴隶和奴隶主两大对立阶级。奴隶是奴隶主贵族的私产，可以任意打骂、杀害，甚至当作商品进行交换，私有制确立了。贵族们的财富和奴隶也理所当然地传给子孙后代。

启虽然建立了奴隶制政权，但他的政权还不够稳固。启死后，他的儿子太康即位，随后就发生了太康的五个弟兄争夺王位的事件，这一事件持续的时间较长，影响也很大，被屈原称作"五子用失乎家衖（xiàng，同"巷"）"。五子争权事件结束后不久，又发生了武观之乱，据说武观是启的小儿子，他率领自己的部族为争夺王位而发动了叛乱，这场叛乱虽然被平定了，但由于政治混乱，影响到人民的生活，激起了人民对统治者的不满，给夏王朝政权带来了新的危机。

东夷部落首领有穷后羿（yì），"因夏民以代夏政"，夺取了夏王朝的政权。有穷后羿，一称夷羿，以善射见称，是东方夷人诸部中势力较为强大的首领之一。当夏王室发生内乱，统治力量大为削弱时，他就利用人民群众对夏王朝统治的不满，起兵赶走了太康，夺取了夏王朝的王位。但后羿夺取政权后，依仗自己部落强大的武装力量，根本无心管理国家大事，只知道吃喝玩乐，沉溺于声色犬马之中，尤其喜欢田猎游乐，把国家大事都交给自己的家臣寒浞（zhuó）管理。

寒浞出身于伯明氏，被称为"谗子弟"，只会逢迎拍马，谄媚讨好。他得到后羿信任后，把国家大权掌握到自己手中；同时他又用小恩小惠收买人心，欺骗庶民群众，取得他们的信任，随后就勾结后羿家众，趁着后羿外出打猎的有利时机，杀死后羿，夺取了国家大权。

少康中兴

夏代开国之君启在巩固统治之后，又过了几年安稳日子，便生病死去了，由他的儿子太康继位。相传太康即位之后，将国都迁到斟鄩（今山东潍坊西南。鄩，xún）。太康是个"盘（娱乐）于游田，不恤民事"的国王，他安于现状，整天去打猎游玩，根本不理朝政，将国家大事丢在一边，更谈不上关心人民的生产生活了。时间一长，他又嫌在都城附近打猎游乐不尽兴，于是"畋（tián，打猎）于有洛之表，十旬弗反"，就是打猎的地方已经到了洛水以南，并且越游越远，以至于外出一百天都没有返回都城。太康这样只知盘游而不恤民事的行为，让人民怨声载道，使诸侯、方国也开始产生离心，此次他跨过洛水去行猎，长时间不返回国都，就给地处黄河以北的有穷国方伯后羿提供了进攻的机会。

相传有穷是位于今河南东北部的一个方国，方伯后羿是尧时以善射著称的羿的后代。尧时的羿是东夷各部落中的一个较大的氏族首领，在禹时羿受封在钮（今在河南濮阳西南）。羿在东夷各部落中有很高的威信，所以有的古书又称后羿作"夷羿"。因受祖传射箭技术的影响，后羿的箭法也很好，称得上是百发百中，箭无虚发。而他也就是仗恃自己高超的射箭技术，始终对夏王朝心怀野心，只因为夏启在甘之战灭掉了有扈氏，才不敢对夏王朝以兵相侵。钧台之会，后羿也前往朝贺，他看到启做了王以后，可以号令万邦，享有天下，于是又萌发了代夏之心。夏启当时在位，他不敢贸然进兵，只是静观事态，待机而动。启死后，太康做了王，他是个只知狩猎玩乐，不问国事的人，所以人民怨恨，方国离心。后羿看到时机来了，便乘太康外出，拥兵攻打，占据了夏都，并派重兵把守洛水，不让太康返回。

当昏聩的太康在洛水南打猎尽兴而归时，想渡过洛水回朝已经是不可能的事了，只好与随同他出猎的少数兵员，暂时驻扎在洛水以南，同时派人向各方国、诸侯求援；可此时，众方国、诸侯已经置太康于不顾了。太康在无可奈何之下，向东方流亡，最后找到一处地方修筑城池驻扎下来。史称"太康失国"，他在阳夏（今河南太康）住了下来，约十年后病死。

后羿将太康逼得向东流亡之后，便"自钮迁于穷石，因夏民以代夏政"了，史称"后羿代夏"。虽然后羿取太康而代之，但因夏族自大禹以来，在方国、诸侯之中有很高的威望，后羿并没有完全取得他们的拥护。后羿掌管了夏王朝的政权之后，没做巩固政权的打算，而是自恃射术过人，武力强大，不理民事，也整天沉溺在田猎游乐之中，把政事交给寒浞处理。寒浞便诱使后羿以打猎为乐，不理国事，且乘机挑拨离间，制造混乱，培植自己的势力。几年后，寒浞趁后羿外出行猎的机会，煽动族众杀死后羿，他自己夺取了大权，并且占有了后羿的妻妾，生了浇和豷（yì），霸占了后羿的财产，自称为王。

太康失国以后，他的兄弟仲康逃往外地，不久就死去了。仲康子相投奔斟灌氏部落的斟灌氏，寒浞派浇率师杀死相后，又灭掉斟灌氏及同姓斟郡氏。这时相妻缗（mín）已经怀孕，从墙洞中逃归母家有仍氏（今在山东济宁），生下相的遗腹子少康。少康长大，当了有仍氏的"牧正"，管理畜牧。寒浞子浇听说相子少康已经成人，便派椒去有仍抓少康，少康逃奔到有虞氏（今在河南虞城），当了有虞氏的"庖正"，管理膳食。有虞君虞思很看重少康，把两个

63

女儿都嫁给了他，分给他一成之田，一旅之众，使他在当地站稳了脚跟。

当时，夏朝的遗臣伯靡逃居在有鬲氏（在今山东德州。鬲，gé），他从有鬲氏那里收抚斟灌氏和斟郡氏的逃散民众，准备推翻寒浞的统治。少康与伯靡相互配合，派亲信女艾刺探浇的情报，派儿子季杼（zhù）去诱杀豷。然后，少康亲自率大军灭浇于过，子季杼领兵杀豷于戈。同时，伯靡也统领斟灌、斟郡之师攻杀寒浞。就这样，后羿和寒浞约四十年的统治结束了。

伯靡和夏后氏拥少康继位夏王，"复禹之迹，祀夏配天，不失旧物"。各地诸侯、方伯得知少康又回到了夏邑，恢复夏禹的业绩，奉祀夏的先祖及天帝，重建了夏朝，又都纷纷带着贡品来朝贺。

夏朝从禹传子开始到太康时被后羿夺取政权后，又经历了三代人，约四十年的时间，少康重建了夏王朝并使其统治得以巩固，进入了相对稳定、国势向上的时期。所以后世史家称之为"少康中兴"。

夏桀亡国

夏朝传至十四世孔甲时，开始衰落。孔甲"好方鬼神，事淫乱"，以致诸侯方国纷纷背叛他，史称"孔甲乱夏"。《国语·周语》说："孔甲乱夏，四世而陨。"孔甲之后四世是履癸（guǐ），即历史上有名的暴君夏桀。

夏桀时，夏王朝与周围部落、方国之间的关系也很紧张。夏桀不顾国力衰微，为掠夺财富和奴隶，屡次发兵征伐周边小国，如征伐有施氏，征伐岷（mín）山氏。掠夺战争给被侵扰的国家带来灾难，也使夏朝民众不堪负担。史载："桀不务德而武伤百姓，百姓弗堪。"

夏桀在位时，穷奢极欲。《史记·殷本纪》说桀"为虐政淫荒"，《吕氏春秋》说桀"暴戾顽贪"。夏桀的暴虐，归纳起来有以下几个方面：（1）弃礼义，淫妇女。据记载，桀遍收倡优（娼妓及优伶的合称）、侏儒、狎徒（指陪主人嬉戏凑趣的人。狎，xiá）等入宫，做那些稀奇古怪的游戏；桀还广求美女，积之于后宫，以供自

己淫乐。（2）费资财，宠妹喜。夏桀为了满足自己的奢望，耗费大量的粮食酿酒，并蓄酒为池，在池中行船。大臣关龙逢进谏，夏桀不但不听，反而杀了他。还传说夏桀有女乐三万人，都穿非常华丽的衣服。夏桀还宠爱妹喜，并让人创作淫荡的音乐，日夜同妹喜和宫女饮酒取乐，事事听妹喜的话。妹喜喜爱听撕裂丝织品的声音，桀就命人不断地撕裂丝织品，来取悦妹喜。（3）大兴土木，视民如草芥。《竹书纪年》说："桀筑倾宫，饰瑶台，作琼室，产玉门。"还说桀毫不顾念民众的生死，"殚百姓之财"。同时，夏桀屠杀下民像割草一样，并且赋敛无度，民众无法再生活下去了，恨透了夏桀，"天下讨之如匹夫"，人人声讨夏桀，纷纷造夏桀的反，夏王朝内部的阶级矛盾非常尖锐。

夏王朝内部混乱，大小臣僚背叛夏桀的很多，各部落方国也痛恨桀，纷纷反抗。夏王朝岌岌可危，但夏桀竟说：天上有太阳，就好像我统治万民一样，太阳有灭亡的时候吗？太阳灭亡了我才灭亡呢！人们痛恨地对太阳说：太阳啊！你什么时候灭亡，我愿意和你一块儿灭亡。

就在夏王朝内忧外患的时候，邻近夏王朝东部边界的商族，在首领汤的领导下，逐渐强盛起来。不久，商汤起兵灭夏，鸣条一战，夏桀全军覆没。夏桀逃跑，死于南巢，夏王朝灭亡。夏王朝从启到桀，共传十六世，历时四百三十二年。

二里头文化

我国古代文献所记夏人的活动区域主要集中在豫西和晋南两处。从 20 世纪 50 年代末开始，专家们进行了关于"夏墟"的调查,而60年代初期二里头文化的发现与研究是夏代考古的重大收获。这个类型的文化遗存最初于1953年发现于河南登封市玉村,后来在豫西晋南地区陆续有所发现,其中以河南偃师二里头遗址的文化内涵最丰富、最典型,所以命名为二里头文化。

二里头文化分为两种类型,一是以山西夏县东下冯遗址为代表的"东下冯类型";二是以二里头遗址为代表的"二里头类型"。这两种类型的分布正与古代文献的记载相吻合。在河南郑州、洛阳、临汝等地的二里头文化遗址中发现有多种文化层重叠的关系,即商代早期文化叠压在二里头文化之上,二里头文化又叠压在龙山文化之上。就时代发展顺序而言,在新石器时代晚期和商代之间即夏代,可见,介于龙山文化和商文化之间的二里头文化确是夏代的考古文化。

据测定,二里头文化的年代在前2395年到前1625年之间。一般将它分为四期。但考古学家对于这四期文化的归属问题存在较大分歧。有人说四期全是夏文化;有人说一至三期是夏文化,而第四期则是商文化;有人说一二期是夏文化,三四期是商文化。

二里头文化中以第三期的内涵最丰富,迄今为止已经发现两座宫殿遗址。一号宫殿遗址坐北朝南,建筑在高出地面约80厘米的略呈正方形的夯土(中国古代建筑的一种材料,结实、密度大且缝隙较少的压制混合泥块。夯,hāng)台基上,南北100米,东西108米,中部偏北又有一长宽二三十米的高起夯土台,分布着一圈长方形柱洞:一座长30.4米、宽11.4米的大型殿堂,为这座宫殿的主体。

根据柱洞的排列,可以复原成一座面阔8间、进深4间的双开间建筑。台基周围发现有柱洞,可以复原出与宫殿毗连(相连接。庇，pí）的庑（wǔ，堂下周围的走廊、廊屋）廊，它所围成的空地就是中庭。其正南是一座牌坊式的大门。整套建筑的工程量很大，仅夯土台基的用土量就达2万平方米。二号宫殿也是坐北朝南，有作为地下水道的陶水管。二号宫殿的结构大体和一号宫殿类似，也有正殿、庑廊、中庭、门塾等，但其格局更加严谨。这两座宫殿建筑，其堂高于庑和庭，庑和庭又高于台基周围的地面，举行礼仪时可以清楚地表现高低贵贱的差别。在堂上，统治者能够很好地体现其尊贵和威严。

在属于三期的墓葬中发现了不少青铜器和玉器。青铜器的制作技术尚属于早期阶段，造型简单、器壁较薄、质朴无文，其种类有爵、戚、戈、刀等；玉器有钺（yuè，古代兵器，青铜制，像斧，比斧大，圆刃可砍劈，中国商及西周盛行；又有玉石制的，供礼仪、殡葬用）、戈、璋、刀、琼、圭等，其中有制作极为精巧的七孔玉刀和玉璋。这些青铜器和玉器中有不少属于礼器和祭器，应是当时"礼仪以为纪"情形的反映。值得注意的是二里头文化三期中一号宫殿的废弃情况，考古发现宫殿台基北侧有属于四期的灰坑，台基上面的灰坑多达五十余个，另外还发现了属于四期的十余座墓葬，也都打破了三期的地层。这种叠压关系表明，一号宫殿兴建于三期，到第四期的时候已经废弃。古本《纪年》有桀居斟鄩的说法。斟鄩可能在今偃师一带。所以推测二里头文化三期的宫殿是桀居斟鄩的遗迹，这是有根据的。这座宫殿在四期被废弃正是夏灭商兴的反映。这个时期的另一座宫殿，据研究也废弃于四期，与一号宫殿的情况相同。

关于夏代的考古资料，还应当提到山西襄汾的陶寺遗址。这个遗址的文化分为早晚两期，有的专家称它为龙山文化陶寺类型。其时代在前 2400 年至前 1800 年之间，显而易见其晚期已经跨进了夏代历史的范畴。陶寺遗址的 1000 多座墓葬，大型墓占 1.3%，中型墓占 11.4%，小型墓占 87% 以上。大型墓的随葬品多达一两百件，小型墓仅 1~3 件，而没有任何随葬品的墓葬占大多数。可见当时社会上已经出现了金字塔式的层次结构。在大墓中，有许多礼器、乐器随葬，如陶龙盘、玉钺、石钺、鼓、磬（qìng，古代打击乐器，形状像曲尺，用玉、石制成，可悬挂）等。龙盘只出土于少数大墓，一墓最多只一件，足见其珍贵。大型墓还有不少彩绘木器，木胎虽然已经腐朽，但其上的彩绘仍存，可辨别器形的有案、几、俎（zǔ，古代祭祀时放祭品的器物）、匣、盘、豆等，具有较高的制作水平。

考古资料表明，夏朝时期已经进入了青铜时代。东下冯遗址曾经出土了铜镞（zú，箭头）、铜凿等小件兵器和工具，还有 4 块铸造铜斧所用的石范。二里头文化发现的铜器种类更多，其中有用合范法制成的铜爵，虽然表面较为粗糙，也没有纹饰和铭文（文辞），但比例匀称、造型规整，还是能够代表当时的铸造工艺水平的。

〔商〕

商族起源

　　商族，历史教科书上都说是活动于黄河中下游的一个古老部落，这似乎已成定论。但是，对于商族到底起源于何地，新中国成立后，研究商史的专家学者，用文献资料与地下考古发掘相印证，已弄清商族在灭夏后，即商王成汤建国以后最初阶段的活动地域，主要是在今河南的洛阳、郑州和安阳一带，也就是今日之黄河中游流域。但对于商族在灭夏之前是从何方进入河南中部进而统治中原的，历代学者均有考证与猜测，形成了商族起源于西方、东方、北方与山西诸家说，是史学界存在的一个长期聚讼（众说纷纭、久无定论）而未决的问题。

　　近代以来，又有众多学者一反旧说，提出商族起源于东方。王国维论证商族早期居留地"商"与"亳"（bó）绝非古时的关中，而是河南的商丘和山东的曹县（见《观堂集林》卷十二）；丁山认为商人的发祥地在今日的永定河与滱（kòu）河之间，也就是今河北省东部至渤海湾一带（见《商周史料考证》），十有四世，乃有天乙是成汤；《世本》载"契居番""昭明居砥石"。这里出现了"番""砥石"两个地名，与东西说中的地名都不同，经金景芳考证，"番"为史书中屡见的"亳"，虽无法确定今地，但属北方之域，即古之燕地；而契之子昭明所居之砥石则在辽水发源地，即今内蒙古自治区昭乌达盟克什克腾旗的白岔山。

诸说之中，以"西方说"为先。以汉、晋为例，就有司马迁、许慎、郑玄、皇甫谧（mì）、徐广等人，均认为商族的发祥地在我国之西土。司马迁在《史记·六国表序》中说："东方物所始生，西方物之成熟，夫作事者必先于东南，收攻实者常于西北。故禹兴于西羌，汤起于亳，周之王也，以丰镐伐殷。"论定夏、商、周都是以西北作为发祥地的。《史记·殷本纪》中说商汤"始居亳，从先王居"。此后，又有人对"亳"的地点给予定位，许慎《说文》曰："亳，京兆杜陵亭也。"《史记·六国表》"集解"引徐广说："京兆杜县有亳亭。"将"亳"定在西方。《史记·殷本纪》又有商族始祖契被封于"商"一说，郑玄说："商，在太华之阳。"晋代皇甫谧谓即"上洛，商是也"。无论是"商"，还是"亳"，他们所定的位，今日的地点，就是陕西省，亦即关中平原。这就是商族起源"西方说"。

金景芳在前几年就撰文，摈（bìn，排斥）弃他说，提出商人起源于北方。他主要征引《荀子·成相》与《世本》的说法，并进行详加考证。《荀子·成相》曰："契玄王，生昭明，后居于砥石迁于商。"丁山说与王国维说略有出入，但都是"东方说"的坚持者。此后，徐中舒、傅斯年在19世纪30年代都对"商族起源于东方"进行撰文论证，提出自己的看法。王玉哲也在《历史研究》上发表了《商族的来源地望试探》一文，从图腾信仰上，"商""亳"地望上等五个方面，并结合大汶口文化、龙山文化等考古资料详尽地论证了商族起源于东方：最远的祖居地可能是山东，后来才向西北转移，到达河北省中部，到夏的末叶才把主力定居于河北省南部和山东省西部，才能向西灭夏，建立商王朝。据此，他提出成汤灭夏以前，商人的势力并没有到达今河南中部，因此，在今河南中部不可能有"商代先公时代的文化"或"商代早期以前的商文化"。另外还有邹衡的"商族源于山西"一说。此说虽与金景芳之"北方说"略有不同，但从地域上看，仍然属于"北方说"。

综观上述种种起源说，真是难以定论。这个问题的症结在于文献上可以征集的史实确实贫乏，又加上商族常常迁徙，有"前八后五"之说，即其建国前曾徙八次，立国后又迁五都。关于前八徙，皇甫谧就说过"史失其传，故不得详"。所以，关于商族的来源问题，我们只能根据有限的历史传说和近年来的田野考古收获来进行综合分析研究，各家可以凭借这些仅有的史料，进行论述，论证。由此看来，产生商族起源诸家说是自然的事，无怪乎商族起源问题长期聚讼不决。

成汤革命

相传在四千多年前，正当夏王朝在黄河中游发展的时候，东方兴起了一个强大的部落——商。

商的始祖叫契，曾协助禹治水，功勋卓著，封于商。相传契的母亲简狄，吞吃了燕卵而有孕，生下了契，这种卵生的传说在东方不少民族中流传着。秦的祖先曾在山东一带生息，也传说祖先大业是母亲女修吞吃了燕卵而生的，满族也传说他们的祖先布库里雍顺是天女佛库伦吞吃了神鹊的朱果所生的。这些究竟是同一古老神话的广泛流传，还是这些民族在上古时曾共同遵奉同样的鸟图腾，尚待探讨。商代的族徽表明，商人是以鸟为图腾的。

商部落从契始，经过四百多年，传到十四世，出了个具有雄图大略的首领叫汤。汤不拘一格，打破传统，广募人才。他从奴隶中提拔了一位很有才干的首相，叫伊尹，接着就有许多能将贤臣跑到他的麾下来了。商逐渐强大起来，不断向外发展，活动于黄河中下游一带，向东足迹早已遍及渤海沿岸。

商，原本是臣服于夏王朝的，如果向西发展，就必然同夏王朝争长短了。汤采取剪除夏王朝羽翼，壮大自己，以观其变的策略，先后攻灭了十几个小国和部落，拔除了夏王朝在东方的屏障，所以更加强大了。

夏王朝这时正由暴君桀统治着。桀看到汤的作为，就把汤抓起来，囚禁在夏台，即今河南省禹县的钧台。不久，桀又把汤放了，汤就更加紧了灭夏的准备。

桀性残忍，喜淫乐，以琼玉建造宫室。用肉堆成小山，贮酒造成池塘，无日无夜地宴饮。据说酒池中可以行船，而宴会上"一鼓而牛饮者三千人"。桀以穷奢极欲为乐，而夏民不堪其苦。当时的人民愤怒地骂道："时日曷丧，予及汝皆亡！"意思是说：你哪一天完蛋呀？我们情愿跟你一起灭亡！

夏王朝中有个正直的大臣叫关龙逢，诚恳地劝夏桀要爱护人民，节省用度。桀非但不听，还命人将关龙逢拖出去杀了，这样一来，桀的重臣们谁也不敢再劝谏了。有的眼见夏王朝江河日下，大势已去，就逃到商汤那里去了。不久，臣服于夏的诸侯和部落中，有的也公开反叛夏桀了。

商汤看到时机已经到来，立即起兵伐夏。桀与汤会战于鸣条，桀被打得大败。桀这时才悔恨说："我真后悔没把商汤杀死在夏台，以致弄到这个地步！"桀最后逃到南巢（今安徽寿县东南），死在那里了。

鸣条一役，汤取得大胜，建都于亳（今河南商丘市北），开始了商王朝长达 600 多年的统治。

这段故事发生在 3600 多年以前, 史称"成汤革命"。

征伐韦顾

夏桀灭有缗之后, 统治阶级内部的矛盾更加激化, 为了观察夏王朝的情况, 伊尹向汤出谋, 由他亲自去夏王都住一段时间。于是, 汤就准备了方物(土特产)、贡品, 派伊尹为使臣去夏王都朝贡。

伊尹带着随从, 驾着马车, 驮着方物、贡品来到夏王都。但是夏桀不在王都理朝, 而是在河南的离宫——倾宫寻欢作乐, 伊尹只得又往倾宫来朝见夏桀。夏桀见了伊尹后, 只问了问商侯为什么要灭掉葛国, 伊尹回答说:"葛伯不举行祭祀, 商侯送给他牛羊他也不祭祀。又派亳人帮助他耕种, 他不但不感激, 反而杀害送饭的人。商侯见他是大王的诸侯, 如此不仁, 有损大王之威, 才将他诛杀。"夏桀听了, 只是点了点头, 便不再说什么。伊尹又奏道:"商侯派臣下前来贡职, 不知大王有何差遣?"夏桀未在意地说:"你先回王都住下吧! 有事时再传你。"就这样, 伊尹在夏王都一住就是三年, 而夏桀整天只知饮酒作乐, 对朝置之不理。伊尹将夏桀及王朝的情况观察清楚之后, 就回到了商, 向汤献计说:"夏自禹建国以来, 已经历四百多年, 夏王是天下尊崇的共主——天子。虽桀暴虐无道, 民有怨恨, 但在诸侯中仍有威信, 故不能很快伐桀, 只有等待时机再行动。"即使商不能急于出兵伐桀, 但还要蓄积更大的力量, 继续削弱拥护夏王朝的势力, 等待时机。汤接受了伊尹的主张, 做了积极准备。

在夏王朝的诸侯、方国中, 自夏桀灭有缗氏以后, 虽然叛离者不少，但拥护夏王朝的也还不少，忠实于夏桀的也不是没有。在东部地区就有三个属国是忠于夏桀的：一个是彭姓的豕韦（今河南滑县东。豕，shǐ），一个是己姓的顾〔今山东鄄（juàn）城东北〕，一个也是己姓的昆吾（今河南濮阳境内，一说在河南新郑境内）。这三个夏属国的势力都不小，他们所处的地区又距离商较近。汤灭葛以后，又征服了一些不归顺商的诸侯、方国，所谓"十一征而天下无敌"，但这三个方国执意与商为敌，他们监视着商汤的活动，还经常向夏桀报告。汤和伊尹、仲虺（huī）决心除掉这三个夏桀的羽翼，就在汤准备征伐豕韦的时候，夏桀得知汤还在继续征伐诸侯，扩大商的势力，于是派使臣到商，召汤入朝。在一个统一的王朝中，天子召见诸侯是常有的事，汤也就没有拒绝，带领随从来到夏王都。夏桀得知汤已来到，就下令将汤囚禁在夏台（也就是钧台，在今河南禹县，这里是夏王朝设立的监狱）。

伊尹和仲虺得知汤被夏桀囚禁起来后，忙搜集了许多珍宝、玩器和美女，献给夏桀，请求释放汤。夏桀是一个贪财好色之徒，见到商送来许多珍宝、玩器和美女，非常高兴，就下令释放了汤，准许汤回商了。夏桀囚汤之事在诸侯、方国中引起了更大的恐慌，"诸侯由是叛桀附汤，同日贡职者五百国"（《太平御览》卷八十三，引《帝王世纪》）。这个记载说同一天就有五百个诸侯到汤那里去任职，未免有些夸张，但当时"小邦林立"，原来都是臣服于夏的，是夏王朝的属国，现在因为惧怕夏桀暴虐，纷纷投奔商，愿意助汤灭夏，或者干脆就到商都供职，这是完全有可能的。所以，夏桀囚汤不但没有达到惩罚的目的，反倒加速了自身统治基础的瓦解，更加削弱了自己的势力。

汤回商以后，见叛夏归商的人愈来愈多，就和伊尹、仲虺商议征伐豕韦和颐国的事，经过一番谋划和准备之后，汤和伊尹就率领着助商的联合军队，先对豕韦进行进攻。汤率大兵压境，豕韦连求援都来不及，很快就被商军灭了。豕韦被灭后，颐国势单，汤接着又挥师东进，乘胜也将颐国灭了。韦、颐二国的土地、财产、人民尽归商所有。

地处韦、颐二国北邻的昆吾国，相传是祝融的后代封在昆吾建立的一个方国，在夏王朝的属国中，它算是一个较大的方国，国君被称为"夏伯"。可见，昆吾虽与夏后氏不同姓，但关系是很密切的。夏伯见韦、颐二国被汤所灭，立即整顿昆吾之军，准备与商相战；同时，他又派使者昼夜兼程赶往夏王都，向夏桀报告商汤灭韦、颐二国的消息。夏桀非常恼怒，下令起"九夷之师"，准备征商。汤本想率军去灭昆吾，然后征东夷，进而灭夏桀，可伊尹阻止了汤，并说："东夷之民还服从桀的调遣，听夏的号令，此时去征伐不会取得胜利的，灭夏的时机尚未成熟，不如遣使向桀入贡请罪，臣服供职，伺机而动。"汤采纳了伊尹的建议，暂时收兵，备办了入贡方物，写了请罪称臣的奏章，派使臣带到夏王都，在倾宫中朝见夏桀，夏桀见了贡物和请罪的奏章之后，和身边的谀臣（谄谀之臣）们商议，谀臣们就向桀祝贺说："大王威震天下，谁也不敢反叛，连商侯也知罪认罪，可以不出兵征伐，安享太平。"于是，夏桀就下令罢兵，仍然整天饮酒作乐。

伐昆吾灭夏桀

夏桀下令罢兵不征伐商，可是一年之后，昆吾的夏伯自恃其能，率军向商进攻，伊尹见昆吾死心塌地效忠夏桀，一心与商为敌，就请汤率军迎战昆吾。一战大败昆吾军，再战杀夏伯灭昆吾，并昆吾土地、人民入商。伊尹又出谋说："今年本应向桀入贡，且先不入贡以观桀的动静。"汤采纳了伊尹的谋略，不再向夏桀入贡。当夏桀得知商汤又灭了昆吾，且不再入贡的时候，又下令起"九夷之师"，可"九夷之师"不起，伊尹曰："可矣。汤乃兴师。"（《说苑·权谋篇》）夏桀下令调东夷的军队征伐商汤，但因为桀反复无常，昆吾又是助桀为虐，与商为敌，东夷的首领们也看出夏桀不会长久，就不听调遣。伊尹见九夷之师不起，灭夏的时机成熟了，就请汤率军伐桀。

汤和仲虺、伊尹率领由 70 辆战车和 5000 步卒组成的军队西进伐夏桀。夏桀调集了夏王朝的军队，开出王都，夏商两军在鸣条（今河南封丘东，或说在今山西夏县安邑镇北）之野相遇，展开了大会战。会战开始之前，汤为了鼓动士气，召集了参加会战的商军和前来助商伐夏的诸侯、方国的军队，宣读了一篇伐夏桀誓词，汤说：

"你们大家听我说，并不是我敢于随便地以臣伐君，犯上作乱。实在是夏王桀有许多罪恶，上天命我去讨伐他。你们大家有人会说：'我们的国君不体恤我们，不顾我们种庄稼的事，却让我们去征讨夏王。'这样的言论我早就听说过。但是夏桀有罪，我敬畏上天，不敢不去征讨。现在你们要问：'夏桀的罪行到底怎么样呢？'夏桀耗尽了民力，剥削夏国人民，害得人民不能安居乐业。民众大多怠慢不恭，不和桀一条心，还指着太阳来咒骂他，说无论他何日灭亡，大家宁可同他一起灭亡。夏桀的德行已经败坏到天怒人怨的程度，上天命我去征伐他。大家只要辅佐我，行使上天对夏桀的惩罚，我会给予大家很大的赏赐。你们不要不相信我的话，我绝不食言。如果你们不听从我的誓言，我将杀戮无赦，希望你们不要受罚。"

这就是《尚书》中的《汤誓》，是汤在鸣条会战前的动员令。

商军经汤动员以后，士气大振，都表示愿意与夏军决一死战；相反，夏军士气低落，人有怨心。两军交战的那一天，正赶上雷雨天气，商军不避雷雨，勇敢奋战，夏军败退不止。夏桀见兵败不可收拾，就带领 500 残兵向东逃到了三朡（今山东定陶北。朡，zōng）。三朡是夏王朝的一个方国，三朡伯见夏桀兵败逃来，立即陈兵布阵保护夏桀，并扬言要与汤决一死战。汤和伊尹见夏桀投奔三朡，即麾师东进，和三朡军在成耳（今山东汶上北）交战，打败三朡军，杀了三朡伯，夺取了三朡伯的宝玉和财产。夏桀见三朡被汤所灭，又带着那 500 残部向南逃走，逃到了南巢。汤和伊尹率军紧追不放，追至南巢，没等夏桀从南巢逃跑，就在城门口将夏桀等人捉住了。汤将夏桀流放到南巢的亭山，"桀谓人曰：'吾悔不遂杀汤于夏台，使至此。'"（《史记·夏本纪》）也就是夏桀被监禁在南巢后非常气愤，对看管他的人说："我很后悔，没有在夏台将汤杀掉，才落得如此下场。"商朝建立后的第三年，夏桀忧愤而死。

汤和伊尹为了彻底消灭夏王朝的残余势力，又率军西进。因为韦、顾、昆吾和三朡这样一些较有势力而又忠于夏的方国都已经被商汤灭掉了，所以商军在西进之路上并未遇到大的抵抗，很快就占领了夏都斟鄩，夏朝的亲贵大臣们都表示愿意臣服于汤，汤和伊尹安抚了夏朝的臣民后，就在斟鄩举行了祭天仪式，向夏朝臣民表示他们是按照上天的旨意来诛伐有罪的桀，夏后氏的"历数"（帝王相继的世数）已终。我国历史上的第一个奴隶制的王朝——夏王朝至此宣告结束。商代后人歌颂他们的开国之君商汤的功绩时说："韦顾既伐，昆吾夏桀。"(《诗经·商颂·长发》)就是说，汤是先征伐韦、顾两国，然后才灭昆吾和夏桀。

汤和伊尹在夏王都告祭天地以后就率军回到了亳。这时期商的声威已经传达四方，各地的诸侯、方伯以及大大小小的氏族、部落的酋长们，纷纷携带着方物、贡品来到亳朝贺，表示臣服于汤，就连远居西方的氐人和羌人部落也都前来朝见。数月之间，就有"三千诸侯"大会于亳(《逸周书·殷祝》)。400多年前，夏禹在涂山大会诸侯时，"执玉帛者万国"，经过四百年的发展，上万的"诸侯"由于兼并融合，到汤建国时，只有"三千诸侯"了。但是这时商汤统治的地域远比夏禹时要大。汤对前来朝贺的诸侯都以礼相待，汤自己也只居于诸侯之位，表示谦逊。"于是诸侯毕服，汤乃践天子位。"(《史记·殷本纪》)也就是在"三千诸侯"的拥护下，汤做了天子，告祭于天，宣告商王朝的建立。

古书中将汤伐桀灭夏称作"汤武革命，顺乎天而应乎人"(《周易·革》)。"革"的本意是指皮革，兽皮去其毛而变更之意。"汤武革命"是说商汤变革夏王桀之命。"顺乎天"是商讲究迷信，凡做一事都说是上天的旨意，是顺应天命。"应乎人"就是指人心所向，商汤革命是我国奴隶社会中一个奴隶主的总代表革去另一个奴隶主总代表的命，虽革除了夏桀的暴虐，但仍然是奴隶主阶级的统治。所以后世人又将这个事件称为"贵族革命"。我国历史上的第二个奴隶制王朝，也就是在汤革了夏桀之命后建立起来的。

汤经过20年的征伐战争，最后灭了夏王朝，统一了自夏朝末年以来纷乱的中原，控制了黄河中下游流域，其势力所及，远远超过了夏王朝。所以商代的后人称颂说："昔有成汤，自彼氐羌，莫敢不来享，莫敢不来王，曰商是常。"(《诗经·商颂·殷武》)意思是说从前商汤的时候，连远在西方的氐人和羌人都不敢不来进贡和朝见，都说商汤是他们的君主。

汤灭夏后奠定了商王朝疆域的基础。为了控制四方诸侯，防止夏遗民尤其是夏后氏的奴隶主贵族的反抗，汤和伊尹决定将处于东方地区的亳放弃，把王都迁到距夏王都斟鄩相近的西亳。

西亳在现在的什么地方呢？学者各说不一，有人说在今河南偃师，也就是古书中所说的"尸乡"。1983 年夏天，考古工作者在河南偃师城西的尸乡沟一带，发现一座古城遗址，呈长方形，东西宽为 1200 多米，南北长为 1700 多米，城墙全部用土夯筑而成，截至 1984 年年初，考古工作者已经在此探到 7 座城门和若干条纵横交错的大道。除此之外，城中还发现大型建筑基址 3 处，其中一座是大型的宫殿基址，发掘该遗址的考古工作者认为，这可能就是商汤所建的王都西亳。

鸣条之战

《易经·革卦》象辞(也叫"卦辞"，论卦义的文字，是对卦象的吉凶断定。象，tuàn)说："汤武革命，顺乎天而应乎人。"这时所说的"汤"，就是中国历史上第二个统治王朝的开基者——商汤，他曾经领导商部族和其他反抗夏王朝残暴统治的部族，运用战争这种暴力手段，一举推翻垂死腐朽的夏王朝，建立起新的统治秩序。这场战争，就是历史上著名的鸣条之战，是我国战争史上一篇辉煌的杰作，也是综合运用"伐谋""伐交""伐兵""用间"等各种手段，最终达到战争速胜目的的最早的成功战例。

夏启攻灭有扈氏之后，夏王朝的统治基本上稳定了下来。但是普天之下没有铁打永固的江山，夏王朝在经历了太康失国、后羿代夏、少康中兴等重大历史变故后，一步步走向衰微、走向归宿。到了大约400年之后，夏桀登上了君主的宝座。这位末代君主，以他的倒行逆施为自己挖掘了坟墓，他任用嬖臣（受宠幸的近臣。嬖，bì），骄侈淫逸，对广大民众及所属方国部落进行残酷的压榨奴役，激起臣民的普遍憎恨和反抗。民众愤慨地诅咒他："时日曷丧，予及汝皆亡。"这表明夏王朝的统治正处于风雨飘摇之中，它彻底灭亡的丧钟已经敲响了。

同夏王朝无可挽回的衰亡形成鲜明对比的是，它周边的方国商，则羽翼丰满，迅速崛起。商，原是一个历史悠久的氏族部落，子姓，始祖名契。它开始活动于番、砥石〔今河北南部滹（hū）沱河、漳水之间〕，后逐渐南移，进入今河南地区。经过相土、冥、上甲微等历代首领和广大族众的努力开拓，逐渐强盛起来，并初步形成了早期国家规模。到夏桀在位期间，它已由夏室的属国演变为足够与夏抗衡的对手。更为重要的是，当时商族已拥有了自己雄才大略、众望所归的领袖人物——商汤天乙，在他的卓越领导下，商各方面的实力都进一步增强，其作为中原地区新统治者的地位已是呼之欲出。商汤顺应时势，抓住千载难遇的良机，及时将部族统治中心迁徙于亳地（今河南商丘北），开始积极筹措攻灭夏朝的战略大计。

愚昧骄妄的夏桀对于商汤的战略动态茫然不知，依旧醉生梦死，作恶为虐，这样就在客观上为商汤从事战争准备提供了十分有利的条件。

在政治战略上，商汤采取了争取民众和方国的政策，开展了揭露夏桀暴政罪行的强大政治攻势，为日后鸣条之战的胜利奠定了坚定的政治基础。

在军事战略上，商汤在贤臣伊尹、仲虺等人的有力辅佐下，巧妙谋划，"先为不可胜，以待敌之可胜"，积蓄力量，伺机破敌。这具体表现为：（1）做到知彼知己，计出万全，为了彻底察明夏桀集团的内部情况，商汤创造性开展"用间"活动，大胆派遣伊尹多次打入夏桀内部，充当间谍，了解和掌握了夏王朝内部"上下相疾，民心积怨"的混乱状况，为有针对性地实施自己的战略方针创造了前提。（2）先弱后强，由近及远，逐一翦除夏桀的羽翼，孤立夏后氏，完成对它的战略包围，最后一举攻克夏邑，取而代之。商汤把第一个打击的目标指向了夏的属国葛（在今河南宁陵北），以替童子复仇的名义起兵消灭了葛国。这既翦除了夏桀的一个羽翼，检阅了自己的军事力量，又大大提高了商汤的政治威望。四海之内都赞扬他是正义之师，出征不是为了掠夺财富，各地老百姓像"大旱之望甘霖"一样盼着商汤的军队。商汤便趁热打铁，又集中兵力逐次灭亡了韦（今河南滑县东）、顾（今山东鄄城东北），并攻灭夏桀在东方的最后一个支柱，即实力较强的昆吾（今河南许昌附近），"十一征而无敌于天下"，从而基本上完成了对夏桀的战略包围，打通了诛灭夏桀的道路。

在商族上下坚持不懈的努力之下，商汤等人所制定的战略方针一步步得到实施，这时传来了夏都到处流传着"上天弗恤，夏命其卒"的民谣商汤敏锐地意识到伐桀的时机已到，果断决定把灭桀行动付诸实施。

然而，"百足之虫，死而不僵"。立国400余年的夏王朝，即便已面临灭顶之灾，仍然有相当的实力。当商汤停止向夏桀纳贡以试探其反应时，夏桀当即调动"九夷之师"准备讨伐商汤。商汤得知后，马上向夏桀"谢罪请服，复入职贡"，暂时稳住夏桀，继续积蓄力量，等待时机。

不久，又传来了夏桀诛杀重臣、众叛亲离的消息，商汤遂再次停止向夏桀贡奉。这一回，夏桀的指挥棒完全失灵了，"九夷之师"不起，有缗氏公开反抗，商汤认为伐桀的时机完全成熟，便下令起兵，以实现自己的梦想。

在公元前 1726 年左右，商汤正式兴兵攻伐夏桀，揭开了鸣条之战的序幕。战前，商汤学习当年夏启伐有扈氏时的做法，举行了郑重的誓师活动，在誓师大会上，他发表了一篇义正词严、大气磅礴的训词，一一列举夏桀破坏生产、施行暴政、残酷盘剥及欺压民众的罪行。申明自己是秉承天意征伐夏桀，目的是为了拯救民众于水火之中。同时商汤还严肃地宣布了战场纪律和作战要领，这番誓师，和当年的《甘誓》实有异曲同工之妙，极大地振奋了士气，鼓舞了斗志。

战前誓师仪式结束后，商汤便动用作战性能良好的兵车70辆、能征惯战的敢死队6000人，会同各同盟国的参战部队，采取迂回战略，"以迂为直"，迅速绕道到夏都以西，出其不意，攻其不备，突袭夏桀的老巢。

商汤大军压境的消息终于传入夏都，传入夏桀的耳中，一直沉溺于醇酒美人温柔之乡的夏桀这时才如梦初醒，方寸大乱。万般无奈之下，他只得仓促应战，统率一批早被歌舞升平生活消磨尽了战斗力的将士，西出去抵御商汤的进攻。两军在鸣条地区相遇，展开了一场生死会战。

旌旗翻卷，鼓角齐鸣，杀声震野，血流成河，鸣条之战打得异常激烈，但毕竟商汤麾下的将士在各方面都占有明显的优势，这既表现为拥有的必胜信念和旺盛的杀敌勇气，也表现为将士的训练有素和武艺高强。夏桀手下的乌合之众怎是这些"必死"之士的对手！在商汤军队勇猛无比的冲杀下，夏桀的主力部队溃不成军，一败涂地，商汤一举攻克了夏邑，赢得了鸣条之战的胜利。

夏桀见大势已去，被迫逃到属国三朡。商汤发扬速战速决、连续作战的作风，适时展开追击战略，挥师南下，对溃败逃窜中的夏桀残部实施打击，攻灭三朡，不给敌人以任何喘息反扑的机会。夏桀穷途末路，只得率极少的残部仓皇逃奔南巢（在今安徽寿县南）。他忧怒交加，不久便病死在那里，夏王朝至此宣告彻底覆灭。商汤率师凯旋西亳（今河南偃师西），召开了众多诸侯参加的"景亳之命"大会，得到三千诸侯的拥戴，取得天下共主的地位。就这样，在夏王朝的废墟之上，一个新的强盛的统治王朝——商朝在铁血之中诞生了。

鸣条之战，是中国历史上第一场典型的新旧王朝更替战争。

商一举推翻了垂死腐朽的夏王朝统治，建立起新的统治秩序，这在当时是合乎广大民众的愿望的，客观上有力地推动了历史的发展，因此得到后人的普遍肯定和赞扬，被认为是"以仁讨不仁，以义讨不义"，吊民伐罪（慰问受苦的人民，讨伐有罪的统治者）、顺天应人的光辉典范。同时，商汤在此战中所反映出的卓越指挥艺术和才能，对于后世战争的实践和军事理论的构筑，也都产生了非常深远的影响。

仲虺和伊尹

在商汤灭夏桀和建立商王朝的过程中，他的左相仲虺和右相伊尹起了重要的作用，这是身世和经历完全不同的两个人。仲虺是个奴隶主，从他先祖起就世代在夏王朝做官。伊尹是个奴隶，从少年时代起就过着流浪生活，长大后当了厨子。仲虺和伊尹都很有才干，见到夏桀暴虐，残害人民，不关心生产，只知道淫乐，引起民愤，诸侯叛离，深知夏王朝离灭亡已经不远了。他们想解救人民于水火之中，明白只有扶持一个有力的诸侯，才能推翻夏桀的统治。他们见商是东方诸侯国中实力最强的一个，认为商汤是一个理想的诸侯，于是先后通过不同途径来到商汤的身边。汤也是个识才之君，果然任用这二人为左右相，委以灭夏重任，仲虺和伊尹也全力协助汤灭了夏桀，又协助汤建立起商王朝。

相传仲虺的祖先叫奚仲，是夏禹时候的车正，就是管理制造车子的长官。奚仲原来是薛（今山东滕州市南）地的一个氏族的酋长，善于制造车子。

当了夏禹的车正以后，就迁居到邳（今江苏邳州市西南）了。

自奚仲以后，子孙都在夏王朝做官，为夏监制车子，到了仲虺时又迁回薛去居住，是夏王朝东方地区的一个诸侯。他见夏桀暴虐，人民怨恨，诸侯叛离，就从薛带了个族人来到商。汤早就听说仲虺是个有才干的人，本想去邀请他，可又有顾虑，毕竟仲虺的祖辈们都是夏王朝的臣子，担心仲虺不愿意助他灭夏。没想到夏桀诛灭有缗氏以后，引发了各地诸侯恐慌。不仅是与夏异姓的诸侯，就是与夏后氏同姓的诸侯也先后叛离夏桀。仲虺就是在这种形势下来到商的。汤见到仲虺后非常高兴，向仲虺请教治国之道。仲虺根据当时的天下形势，分析夏桀如此下去，必然会自取灭亡。他鼓舞商汤蓄积力量，先征伐与商为敌的诸侯，剪除夏桀的势力，然后再灭夏建商。汤见仲虺是有用的人才，就任命他为左相，让他参与国政。

伊尹，在甲骨文中又称伊（有的学者认为甲骨文中的伊穴、黄尹、黄穴都是指的伊尹），金文中称为"伊小臣"，小臣是指伊尹的身份和地位，不是名字。伊尹原名伊挚，尹是官名，有的古书中还说伊尹名阿衡（又称保衡），这是不对的，阿衡是官名，商代称当权的大官为阿衡。伊尹做了商汤的右相，执掌商的大权，故称为阿衡。伊尹辅佐商汤灭夏，建立起了商朝，后来又扶立外丙和仲壬，教诲太甲改过，不仅是开国元勋，还是三代功臣，所以得到了后代商王的隆重祭祀。在甲骨文中，伊尹被列为"旧老臣"的第一位，卜辞中有"侑（yòu）伊尹五示"的记载，就是侑祭以伊尹为首的五位老臣；还有"十立伊又九"的记载，就是祭祀伊尹和其他九个老臣。卜辞中除了合祭旧老臣是以伊尹为首外，伊尹还单独享祀，或与先王大乙（汤）同祭。

相传伊尹出生在伊水边（有说在今河南伊川），长大后流落到有莘（shēn，一说在河南开封县陈留镇，一说在今山东曹县北）氏。有莘氏姓姒，是夏禹后裔建立的一个诸侯国。伊尹到了有莘氏以后，在郊外耕种田地以自食。他是一个有抱负的人，虽然身处田亩之中，还是时时关心着形势的变化。他想找一个有作为的诸侯，消灭夏桀。他听说有莘国君是一个比较好的诸侯，对平民和奴隶不像夏桀那样暴虐，就想去劝说。但他觉得不能贸然去接近有莘国君，于是就说他会烹饪，愿为有莘国君效力。按照当时的制度，只有做了有莘氏的奴隶，才能为有莘国君所用。伊尹自愿沦为奴隶，来到有莘国君身边当了一名厨子。不久，有莘国君发现他很有才干，就升任他为管理膳食的小头目。他本想劝说有莘国君起来灭夏，但是一来有莘是个小国，二来有莘氏和夏桀同姓，都是夏禹之后，因而又不便劝说。

　　伊尹在有莘国担任管理膳食的小头目的过程中，发现有莘氏与商经常往来，而商汤是个有德行、有作为的人，就想去投奔商。可奴隶是没有行动自由的，即使是偷跑出去也会被抓回来，轻则受处罚，重则被处死。恰巧这时，商汤要娶有莘氏的姑娘为妃，伊尹见到机会来了，就向有莘国君请求，说愿意做陪嫁跟随到商去。有莘国君就派伊尹为"媵臣"（古代随嫁的臣仆。媵，yìng），跟随有莘女嫁到商。所以古书中称伊尹为"有莘氏媵臣"（《史记·殷本纪》）。夏商时期的臣子有各种不同的身份。古书中称伊尹为"小臣"（《楚辞·天问》《墨子·尚贤篇》《吕氏春秋·尊师篇》），金文中称伊尹为"伊小臣"（《叔尸镈（bó）》），甲骨文中"小臣"的身份是奴隶，但又区别于一般的奴隶，是管理奴隶的小头目。"媵臣"就是陪嫁奴隶，这与商代以后的诸侯嫁女，派大夫陪送所称的"媵臣"不同。

伊尹跟随有莘女来到商汤身边以后，仍然给汤做厨子，他就利用每天侍奉汤进食的机会，分析天下形势，数说夏桀的暴政，劝汤蓄积力量灭夏桀。汤发现伊尹的想法和自己的不谋而合，是个有才干的人，就破格免去他的奴隶身份，任命他为右相。左相仲虺见伊尹是个贤才，和自己的政治主张相同，便一心跟伊尹合作，共同辅佐汤蓄积力量，准备灭夏。

商汤有了仲虺和伊尹的辅佐，先是治理好内部，鼓励商统治区的人民安心农耕，饲养牲畜，同时又团结与商友善的诸侯、方伯。在仲虺和伊尹的鼓动下，一些诸侯陆续叛夏而归顺商。汤经常带领仲虺和伊尹出外巡视四周的农耕、畜牧。有一次，他们走到郊外的一片山林里，见树木茂盛，一个农夫正在张挂捕捉鸟的网，东西南北四面，每面都张挂起一张网。待网挂好后，那个农夫对天拜了几拜，然后跪在地上祷告说："求上天保佑，网已经挂好，愿天上飞下来的，地下跑出来的，从四方来的鸟兽都进到我的网里来。"汤见了，感慨道："真这样的话，禽兽就被杀光了。除了夏桀那样的暴君，谁还会做这种事呢？"于是，他叫从人将张挂的网撤掉三面，只留下一面，也跪下去祷告说："天上飞的，地下走的，要往左就往左吧，要往右就往右吧，要高就高飞吧，要下来就下来吧，我只捕捉那些不听天命的。"说完起来，又对那个农夫和从人们说："对待禽兽也要有仁德之心，不能捕尽捉绝，不听天命的，毕竟是少数。"仲虺和伊尹听了，都称颂汤说："真是个有德之君。"那个农夫也深受感动，按照汤的做法，收去三面网，只留下一面网，这就是流传到后世的"网开三面"的故事。

很快，商汤"网开三面"的事就在诸侯中传开了。"诸侯闻之，曰：'汤德至矣，及禽兽。'"（《史记·殷本纪》）也就是诸侯听说这件事后，都称赞汤说："汤是极其仁德的人，对禽兽都是仁慈的。"大家都认为汤是有德之君，可以信赖，归顺商的诸侯很快就增加到40个，商汤的势力也越来越大。

汤祷桑林

为了有效地控制四方诸侯、部落和夏王朝的遗民，巩固新建立起来的商王朝，汤将王都迁到西亳。汤从夏桀的灭亡中吸取到经验教训，要使国家巩固和兴旺，就必须得到人民的拥护；要使人民拥护自己，就不能对人民施行暴政。汤在伐桀灭夏的过程中，靠施行德来争取人民的拥护，他曾对伊尹说："人视水见形，视民知治不。"（《史记·殷本纪》）意思就是说：人往水中看，就能看出自己的形象；看见人民的态度，就知道自己能不能治理好国家。由于汤能够看到人民是国家的根本，没有人民的拥护，就不能灭夏建商，所以他在建立商朝之后，就废除了夏桀时伤害人民的繁重徭役、横征暴敛，给民众休养生息的时间。

我国古代任何一个国家的王都有一个"社稷"，从夏朝开始一直延续到清朝时的社稷坛。夏禹建国后，建立的社稷叫作社，社就是土地神。相传发明社的人是共工的儿子句龙。共工是世代的"水正"，治水的氏族。当洪水泛滥时，人们都逃到高地上居住，没有高地的地方，句龙就叫人们挖土堆成土丘，使大家能居住在上面，每个土丘住25家，称为一社。所以社最初是居民点，是聚落。句龙死后，人们就尊句龙为社神，给他盖了一个房屋供奉他的神位，称为后土，后土就是土地神，这就是后世土地庙、土地神的始祖。

夏禹建国，占有四方土地，夏王居中央之土地，五方土地皆为夏王所有，因此立社来祭祀土地神。稷为五谷神，相传烈山氏的儿子柱做过稷正（掌播种五谷的官），后来被人们尊为农神。"人非土不立，非谷不食，土地广博，不可遍敬也；五谷众多，不可一一祭也，故封土立社，示有土地；稷，五谷之长，故立稷而祭之也。"（《白虎通义·社稷》）夏王朝每年都要举行祭社的仪式，祈求后土农神福佑风调雨顺、五谷丰登。我国自古以来就以农立国，因此祭祀社稷就成为国家大事，社稷的存亡也就象征着国家的存亡，国家被灭亡，社稷也随之被毁掉；若不被毁掉就要迁走。汤灭夏以后，想将夏社迁走，被伊尹阻止住了，要汤留下来告诫后人，作为夏桀因暴虐而亡国的见证。夏社是一个露天的土坛，上面植有不同种类的树木，汤就下令砍掉土坛上的树，在上面盖房屋，将夏社封了起来，永不使用，而将商社另外建在商王都，这就是所谓的"屋夏社"。

汤除了"屋夏社"外，还实行一些改朝换代的措施。"汤乃改正朔，易服色，尚白，朝会以昼。"（《史记·殷本纪》）也就是改变夏王朝的每年开始的一天（正朔），夏称一年为一岁，夏正建寅，即以夏历正月为岁首，正月初一为一岁的开始。汤改称一年为一祀，商正建丑，即以夏历的十二月为岁首，每年十二月初一为一祀的开始。把衣服的颜色也由夏的"尚黑"（尊崇黑色）改为"尚白"，把朝见改在白天来举行。商人不光是衣服以白色为主，就是旗帜、器物，驾车的马，祭祀用的牛、羊、猪、狗也以白的为主。在商代遗址的考古发掘中，就出土了不少白色陶器。甲骨卜辞中有不少祭祀是用白牛、白羊、白犬、白豕（猪）来做牺牲（供祭祀用的纯色全体牲畜）的。在田猎卜辞中，凡是猎获白色野兽都使用了白字，如"获白兕"（sì，古书上所说的雌犀牛），"获白狐一""获白鹿一，狐三"等等。

汤建国不久，商王畿（jī，古代称靠近国都的地方）内发生了一场旱灾，延续了7年，后5年的旱情很严重，烈日暴晒，河干井涸，草木枯焦，禾苗不生，庄稼颗粒无收，人民困苦异常。虽然旱灾刚发生时，伊尹也教民众打井开沟，引水灌溉农田，但旱情还是越来越严重。

天旱是一种自然现象，商代统治者们却把这看成是上天所为。卜辞就有"贞（问）：不雨，帝侍暵（hàn，旱）我"（《龟》1，25，13）。意思是：不下雨，是上天给我的旱灾。还有"戊申卜，争贞：帝其降我暵，一月，戊申卜，争贞：帝不我降暵"（《丙》63）。这也是商王武丁时期正反两问的卜辞，意思是：一月戊申这天占卜，史官争问道：上天会降旱灾给我吗？上天不会降旱灾给我吧？自从天旱发生后，汤就在郊外设立祭坛，天天派人举行祭祀，祈求上天除旱下雨。古代在郊外祭天叫作"郊祀"。最初的郊祀仪式是燃烧木柴，用牛羊猪狗这些家畜做供品，这种烧柴祀天的祭名叫作"燎"。汤命使官们在郊外燎祭上天，史官手捧三足鼎，鼎内盛着牛、羊等肉做供品，向天地山川祷告说："是不是因为我们的政事未遵从法度？是不是使人民受了疾苦？是不是因为官吏受贿贪污？是不是因为小人谗言流行？是不是有女人干扰政事？是不是宫室修得太大太华美？为何还不快快下雨呢？"这是史官受汤之命，说了六条责备自己的事，以求上天鬼神赐福降雨。尽管汤命使官天天祭祀，苦苦哀求，但上天仍然没有赐福降雨。

大旱延续到第七年的时候，汤见郊祀也不能下雨，就命史官们在一座林木茂盛的山上，选了个叫桑林的地方设下祭坛，他亲自率领伊尹等大臣举行祭祀求雨仪式。祭祀后也没见下雨，就命人占卜为什么不下雨。史官们占卜后说：燎祭时除了要用牛羊做牺牲外，还要用人牲。就是将活人放在柴上焚烧后，让被烧的人上天去祈求降雨。汤听了以后说："我祭祀占卜求雨，本是为民，怎能用人去焚烧？那就用我来代替吧！"于是，他命人将祭祀的柴火架起来，又将自己的头发和指甲剪掉，沐浴洁身，向上天祷告说："我一人有罪，不能惩罚万民，万民有罪，都在我一人，不要因为我一人没有才能，而使上天鬼神伤害人民的性命。"祷告完毕，汤便坐到柴上去（有说是用发和指甲代替其身），还没有焚柴，天就下起了大雨。这只是一个巧合，久旱必有大雨是自然现象，但汤的这种勇于牺牲的精神，受到了人民的敬佩和颂扬。因为在迷信思想统治之下，人民还不能完全认识自然现象，下了雨，旱灾解除，人民就用歌唱来颂扬汤的德行。汤命伊尹将人民的歌词收集起来，编成乐曲，取名为"桑林"，也叫"大濩"（huò），这就是后世人们称作的"汤乐"。不过，汤乐很早就失传了。

自汤"祷于桑林"求雨以后，商王们遇天旱求雨，就使用了这种焚烧人的祭祀，这种祭名叫做"烄"（jiǎo，古代燃木祭天）。甲骨文中烄是个象形字，原形就像一个人站在火上被焚烧，卜辞有"其烄大有雨"的记载（《京》3870），还有很多用烄祭来求雨的卜辞。商王当然不会为了祈雨而焚烧自己，他们用奴隶来做牺牲品，甲骨文中反映出的被用来焚烧求雨的人，大多是女奴隶。商代以后，烄祭发展成为焚烧巫（女神婆）来求雨，春秋时期鲁僖（xī）公二十一年（前639年）夏天，鲁国发生大旱灾。国君僖公要焚烧巫和一个残疾人来祈求下雨。大夫（官名）臧（zāng）文仲对僖公说："这不是防备天旱的办法，应该修理城墙，减食省用，致力农事，劝人施舍，这才是务实的事。焚烧巫和残疾人能管什么用？上天要杀他们，就不如不生他们，如果他们能造成旱灾，烧死他们会旱得更厉害。"僖公听了臧文仲的话，就没有焚烧人。这一年鲁国虽然因大旱闹了饥荒，但却没有伤害人民。从春秋时期鲁国的情形来看，商代天旱求雨焚烧人的烄祭完全是统治者残害人的一种迷信活动。

伊陟相太戊

太甲复位为商王，因修德利民，使商王朝得到巩固。这时候，伊尹已经是年事很高的老臣了，他见太甲能继商汤而统治商王朝，就不再参与朝政了。太甲只当了12年的商王便病死了，他儿子沃丁继位做了商王。沃丁名绚，甲骨文中不见有沃丁的庙号。沃丁继位后的第八年，伊尹病死，"沃丁葬以天子之礼，祀以大牢（祭祀时并用牛、羊、豕三牲的叫作"大牢"，也称"太牢"），亲自临丧三年，以报大德焉"（《初学记》卷二，引《帝王世纪》）。相传伊尹死时年已百岁，葬于亳。

沃丁时，朝中还有一个资格很老的大臣，叫咎单，此人从商汤时就做了朝臣，虽然在汤时没做过什么大事，但因为是三世元老，阅历多，经验丰富，沃丁即位后，伊尹已经年老退休，他被任命为卿士（执政大臣）。伊尹死后，咎单写了一篇记述伊尹功绩的"回忆录"，取名为《沃丁》，但是这些有关商代史的记述并没有传下来。

沃丁在位19年死去，由他的弟弟太庚继位。太庚名辩，甲骨文中称作大庚。商王祭祀太庚的卜辞也不少，因他是直系先王，祭典也很隆重。太庚在位 5 年就死去了。王位由他的儿子小甲继承，小甲名高，商王祭祀小甲的卜辞绝大多数见于帝乙、帝辛时期。小甲在位约 17 年，死后由他弟弟雍己继位。雍己名伷（zhòu），甲骨文中雍己二字合为一形，一般作邕（yōng）、己形。甲骨学上称这种二字合为一形的字为"合文"或"合书"。祭祀雍己的卜辞较少。

自太甲改邪归正继续当王到雍己继位，约 50 年的时间里，商王朝处于一个稳定发展的时期。但是，在这种和平发展时期，各诸侯、方国中有的势力也强大起来。以雍己为首的商王奴隶主贵族统治阶级，对人民和奴隶的剥削和压迫也日益加重，引起了诸侯、方国和人民的不满，有些诸侯、方国停止了向王朝进贡和朝贺。雍己在位约 12 年，死后由他的弟弟太戊继位。

太戊名密，甲骨文中称作大戊，为直系先王。祭祀太戊的卜辞多见于商王祖庚、祖甲时期。卜辞中有"天戊"（《前》4.16.4），也就是太戊，太戊继位以后，拜伊尹的儿子伊陟（zhì）为相。伊陟甲骨文中称作陟。卜辞中还有"戊陟、戊爻（yáo）"，可能就是指伊陟和另外一个旧臣。

太戊做商王的第七年，王宫的庭院中长出一棵桑树，桑树下又长出一棵谷树（即楮树，落叶乔木，树皮是制造桑皮纸和宣纸的原料。楮，chǔ），七天的时间就长得很大。这本是植物生长中的偶然现象，因为商代人还没有相关的植物学知识，却误认为出现了妖怪。太戊非常恐惧，伊陟说："臣听说过妖怪胜不过德，大概是大王在治理朝政上有什么缺德之处，所以才会出现妖怪。如果善政修道，以德治民，祸自会免除害。"太戊之前的雍己就已经处于"殷道衰，诸侯或不至"（《史记·殷本纪》）的局面下了，太戊又是一个少年继位的商王，仍然只图享乐，不勤于国政。商王们都很迷信鬼神，伊陟这才借"桑谷共生于朝"的事件来劝诫太戊。太戊果然听从劝诫，一改前非，勤于王政，修德治国，政事上依靠伊陟、臣扈和巫咸这批朝臣。所谓的"共生"树长到一定时间自然就枯死了，这样一来，伊陟、臣扈和巫咸就大肆宣扬太戊的德政，说是得到上天的福佑，共生树也因为惧怕枯死了。为了报答天地山川的福佑，太戊命巫咸在王都郊外举行了一次隆重的祭祀山川仪式。

巫咸在甲骨文中做"咸戊"，有的学者认为咸是名，戊可能是官名。甲骨文中有关于咸戊和学戊的记载，出现在同一条卜辞中（《缀》6），学戊是一位与巫咸同时代的旧臣。

伊陟借"桑谷共生"劝诫太戊，太戊改过后，伊陟等朝臣宣扬太戊的德政还真起到了安抚民心、收服诸侯的作用，不久就使"殷道复兴，诸侯归之"（《史记·殷本纪》）了。首先来进贡朝贺的是西戎部落。太戊也派朝臣王孟为使，率领从人，携带着中原地区的一些特产和青铜器物，到西戎各部落去慰问、安抚。神话故事中有："殷帝太戊使王孟采药，从西王母至此（丈夫国），绝粮，不能进，食木实，衣木皮，终身无妻，而生二子，从形中出，其父即死，是为丈夫民。"（《山海经·海外西经》注）这个神话故事就是根据太戊派王孟出使西戎形成的。

秦国人的祖先是商的近族，从很早的时候就和商在政治上存在着密切的关系。秦人祖先中有个叫费昌的人，在夏桀末年就"去夏归商，为汤御，以败桀于鸣条"（《史记·秦本纪》）。"御"就是"驭"，是驾车的人，按其身份来说，是一个奴隶小头目。因为费昌是为商汤驾车的人，灭夏以后，也是一位有功之臣，他受到的待遇要比一般的奴隶头目优厚得多，秦人世代都为商王驾车。秦人的另一个祖先叫大廉，到他玄孙这一辈已经到了商王太戊时期。大廉有两个玄孙，一个叫孟戏，一个叫中衍，都会驾车。可是这时的孟戏、中衍已不再是"驭"的身份，已从奴隶上升为奴隶主。中衍虽仍为太戊驾车，但已被太戊任命为车正（监制造车和管理驾车的官），并娶了王族亲贵家的姑娘为妻。自此以后，秦人与商王朝的关系更加密切，后来不少嬴姓的人都世代在商王朝做官。

由于太戊和伊陟治理商王朝有方，在太戊末年，就连自汤以后时叛时服的东方地区的九夷也纷纷入贡朝见。这是自太甲以来商王朝最兴旺发达的时期。太戊在位的时间，按古书记载是75年，是商王朝在位时间最长久的一代君王。《尚书·无逸》中说："肆中宗之享国，七十有五年。"其他古书也说商王中称"中宗"的是太戊，在卜辞中发现称"中宗"的是太戊之孙祖乙，而不是太戊。到目前为止，涉及"中宗祖乙"的卜辞至少有七条。这样在位75年的应该是祖乙，而不应是太戊。

从仲丁到河亶甲

东汉时期的天文学家张衡在他写的《西京赋》中说："殷人屡迁，前八后五。"这是说汤建立商王朝前商族有八次迁居，汤建立商王朝后又有五次迁都。汤灭夏以前的迁徙在第一篇里做过介绍，以下将介绍后五次迁都的情况。

太戊死后由他的儿子仲丁继位。仲丁名庄，甲骨文中称作"中丁"，是直系先王，祭祀仲丁的卜辞主要见于商王祖庚、祖甲和帝乙、帝辛时期的周祭中。仲丁继位后将王都由亳迁到嚣，即《史记·殷本纪》中所说的"迁于隞〔在今河南荥（xíng）阳东北。隞，áo〕，"，隞字音与嚣近相通。仲丁为什么一当上商王就忙着将王都迁到嚣呢？这也是形势所迫，他不得不迁都。

在商王朝的前半期，太戊是一个比较有才干的商王，能知过则改，又得伊陟、臣扈、巫咸这批"贤臣"辅政，所以在他统治的时期，商王朝有一个稳定的局面，社会生产有了较快发展，奴隶主贵族们聚敛的财富比以前更多。大批奴隶除了为商王和贵族们创造财富外，还为他们淫逸享乐的生活服劳役。以商王为首的贵族们，为了占有更多的奴隶和财富，为了获得豪华的宫室和更多的娇妻美妾，先是王室内部发生了权力之争，尤其是在太戊晚年，这种争权夺利的斗争更多了；其次是诸侯、方国也不同程度地发展了自身势力。而伴随着王朝内部矛盾的加深，也有诸侯、方国企图进犯或削弱中央王朝的统治。太戊是否有弟弟，因史料缺乏不得而知，但仲丁继位是经过一番斗争的。仲丁一上台，就采取迁都的策略，一方面是离开旧王都，摆脱旧居王族奴隶主们的争夺，另一方面是找个更合适的地方，加强对诸侯、方国的控制。

从甲骨文来看，商王朝后半期的劲敌是地处西北和北方的诸方国，不但如此，地处东南方的夷人部落、方国自汤至商末也一直处在时叛时服的状况下。仲丁迁都以后，就和乘机进犯的东南夷人中的兰夷（九夷的一种）部落展开了一场战争。这次战争只是防御性的，没有打到兰夷族居住的地方。不久，仲丁就病死了，仲丁从继位到去世约有10年的时间。

仲丁死后，由他的弟弟外壬继承王位。外壬名癸，甲骨文中称作"卜壬"，商王祭祀卜壬的卜辞目前所见只有十多条，都是帝乙、帝辛时期的。外壬继位不久，商的两个诸侯国就叛变了，这两个诸侯国一个叫姺（shēn），一个叫邳（今江苏邳州市西南。邳，pī）。

姺是有莘氏的后人，古书中又称有院氏，有莘氏与汤有婚姻关系，商王朝建立后世代为诸侯，甲骨文中称作先或先侯。在商王朝后半期，先侯与商的关系也是时叛时服。卜辞中有先侯，商王武丁时，先侯曾向商进贡过五十个龟（或龟壳），即卜辞中"先致五十"的记载（《缀》137 反）。武丁也曾派一个叫吴的诸侯去先侯管辖的地区开垦农田，又派过一个叫受的诸侯到先侯管辖的地区去督导农田耕种，卜辞中也有这样的记载："今一月先截"（《续》5.30.5），"伐先"（《前》2.3.1）。说明武丁时先侯侵犯过商，商末征伐过先侯。

邳是夏禹时车正奚仲居住的地方，汤建国以后，封邳氏为诸侯。姺、邳是与商关系比较近的两个诸侯，在这时期都叛商，形成很大的震动。古书《左传·昭公元年》中说："在虞舜时代有三苗，夏朝有五观、有扈氏，商朝有姺、邳，周朝有徐奄。"这些反叛活动，在当时的影响很大。

外壬在位约十年，死去后由他的弟弟河亶（dǎn）甲继承王位。河亶甲名整，甲骨文中称作戋（jiān）甲。祭祀戋甲，只见于商王祖庚、祖甲和帝乙、帝辛时期的周祭中。

为了缓和王族内部日益尖锐的矛盾，改变自姺、邳反叛后出现的不利情况，河亶甲只得放弃仲丁、外壬两王经营过的嚣，将王都迁到相（今河南内黄东南），使王族内部矛盾得到暂时缓和。由于姺、邳同时叛商，在东夷诸部落中引起了连锁反应，首先起来反叛的是曾被仲丁征伐过的兰夷部落。河亶甲决心再次出兵征伐兰夷。这时候，叛商邳侯被商的一个方国——大彭（今江苏徐州市）打败，邳侯表示归顺商；而河亶甲在彭伯的协助下，又出兵征服了兰夷。姺侯得知后，惧怕河亶甲征伐，就投奔班方去了。河亶甲命彭伯和韦伯率兵征伐班方。班方被征服后，姺侯只得归降，备办了方物，亲自来到王都，向河亶甲纳贡称臣，重修旧好。

从甲骨文中祭祀河亶甲的卜辞中来看，他还是受到了隆重祭祀。他在位的时间里，是一个有作为的商王，先将王都迁到相，缓和了内部矛盾；迁都后又致力于对付反叛商王朝的方国，在彭、韦二方伯的协助下，不仅征服了兰夷，还迫使邳、姺归顺来朝。

祖乙和盘庚

河亶甲死后，由仲丁的儿子祖乙继位，祖乙名胜，甲骨文中称作祖乙、下乙、中宗祖乙、高祖乙（高祖乙的祖乙二字为合文，这一称谓大多见于武乙时的卜辞，曾被误为是指大乙），是直系先王。祭祀祖乙的卜辞最多，祀典很隆重，合祭时备用的牲畜多达一百牢，单祭时也多至杀十五人，十五牢，甚至还准备三十个人牲来祭祀下乙。在后世商王们看来，先王祖乙是一个能使商王朝复兴的"圣君"，所以才准备那么多的牺牲。

河亶甲时王族内部矛盾有所缓和，这才使得他能够对付诸侯、方国的反叛。河亶甲一死，王族内又发生了争权夺利的斗争，祖乙继位以后，又将王都迁至黄河北岸的耿，可王都还没有建成，就被黄河泛滥的大水给冲毁了。这时辅佐祖乙的是巫咸的儿子巫贤，有的学者认为甲骨文中称作"尽戊"的，就是古书中的巫贤。在商王朝的辅政大臣中，巫贤也是一个很有才干的"贤相"。在卜辞中"尽戊"也受到商王祭祀。由于在河亶甲时得到彭、韦二方伯的支持，降邳侯征服兰夷和班方，使姺侯也进贡称臣。在商王朝的东部地区也就比较安宁。巫贤就向祖乙献策，将王都迁到庇。此地距彭伯所在地较近，自然条件也较好，很有利于发展农业和畜牧业。

祖乙迁都到庇后，花了大约五年的时间，建成了宫殿宗庙。他在巫贤、彭伯、韦伯等臣僚的辅佐下，除了加强对诸侯、方国的控制外，还致力于发展社会生产，农业和畜牧业都得到较快发展，人民生活较为安定，诸侯、方国也没有反叛和进犯商王朝的情况，商王朝再次兴盛起来。古书中说："祖乙之世，商道复兴，庙为中宗。"(今本《竹书纪年》)"汤太甲；祖乙、武丁、天下之盛君也。"(《晏子春秋·内篇谏上》)甲骨文中称"中宗祖乙"与"庙为中宗"是一致的，就是在祖庙中供有祖乙的神主牌，上面写的是"中宗祖乙"。这证明司马迁在《史记·殷本纪》中说太戊"称中宗"是弄错了。

祖乙死去，由他的儿子祖辛继承王位。祖辛名旦，是直系先王。祭祀祖辛的卜辞也不少，祀典也较隆重，商王文丁时有祭祀"三祖辛"的卜辞，第一个就是祖辛，第二个是小辛，第三个是廪(lin)辛。祖辛在位约十六年死去，由他的弟弟沃甲继承王位。沃甲，有的古书中又称作开甲，甲骨文中称作羌甲。商王祭祀羌甲的卜辞虽然也不少，但没有什么特别隆重的祀典。

沃甲在位约五年(有的记载是二十或二十五年)死去，由祖辛的儿子祖丁继承王位。祖丁名新，甲骨文中称作祖丁或小丁、后祖丁，是直系先王。祭祀祖丁的卜辞也很多，祀典也很隆重，单祭祖丁时，用牲多至五十牢。

祖丁在位约三十二年（有的记载是九年）死去，由沃甲的儿子南庚继位。南庚名更，甲骨文中也称作南庚，祭祀南庚的卜辞也不少。祖丁死后，王族内部形成了争夺王位的混乱局面，最后由南庚取得了继承权，但这种争权夺利的斗争仍在继续，南庚控制不了局面，又只好采取迁都的办法来摆脱。今山东西南部的泗水流域，自然条件比较好，有利于发展农业生产，南庚就近迁到奄（今山东曲阜），南庚在位二十九年（有的记载是九年）死去，由祖丁的儿子阳甲继位。

阳甲名和，甲骨文中是一个合文字，各家考释不同：有象甲、兔甲、象甲等。虽然各释不一，但都肯定是古书中的阳甲。祭祀阳甲的卜辞大多见于帝乙、帝辛时期。南庚死后，在王位继承权上又引起一番争夺。由于王族内部的王位继承权问题一直未能得到解决，每当一个商王死去，就要引起一番争夺，所谓的"自仲丁以来，废遍而更立诸弟子，弟子或争相代立，比九世乱，于是诸侯莫朝"（《史记·殷本纪》）。商王朝的王位继承采取"兄终弟及"的方法，就是商王死后，王位由弟弟来继承，没有弟弟的才传给儿子。商代的统治者们都实行多妻制，一个商王有许多个妻妾，如果不是短命的，就会有许多个儿子，这样兄弟就多。自仲丁到阳甲的九个商王中，兄弟子侄间为继承王位，一直争夺不休，造成了九世混乱的局面。当然这九世中祖乙算是

一个有能力的商王，控制住了内部的纷争，也没有引起诸侯、方国的反叛和进攻。自仲丁至南庚五次迁都的原因，有便于控制四方和选择良好自然条件的原因，但更主要的还是想摆脱王族在旧都形成的各种势力，以缓和王族内部矛盾。到祖乙以后，这种争权夺利的斗争并未停止，王朝内部的政治局面很是混乱，诸侯、方国也就乘机发展势力，不再向中央王朝进贡朝见，这给商王朝的统治带来很大的危机。

阳甲在位约十七年死去，由他的弟弟盘庚继承王位。盘庚名旬，甲骨文中称作般庚，商王朝祭祀中提及盘庚的卜辞不多，主要见于祖庚、祖甲和帝乙、帝辛时期的卜辞中。

盘庚即位后，面临巨大的王朝统治危机，首先是王族内部的矛盾没有缓和。许多王室贵族每次迁都到一个新的地方，都会抢占大片的土地、成群的牲畜，拥有大量的奴隶，很快又形成一种势力。他们以一部分奴隶从事农业生产，这种奴隶从甲骨文中来看主要是战败的俘虏，在商代后半期以羌人最多。有学者认为，甲骨文中的"众人"就是从事农业生产的奴隶。还有一部分奴隶从事畜牧工作，这在甲骨文中称作"刍"。除了从事农业生产和畜牧的奴隶外，还有一部分服侍奴隶主的奴隶，其中包括做妾的女奴隶。这些王室贵族自己过着骄奢淫逸的生活，还要为子孙永保这种特权而争权夺利。正因为这样，王室才长期处在混乱之中，商王们都无力顾及四方诸侯、方国；也正是在这种情形下，北方和西北方的土方（依甲骨文原形隶定）、羌方等方国，才日益强大起来。这些方国的发展、强大对商王朝的统治形成巨大威胁。

自祖乙以后的四世商王都在为王权斗争，弄得国势衰弱，无力发展农业生产，致使水利失修，而所迁王都又都近河傍水，一旦下雨水涨就会使农田被淹，人民无以为生。地处泗水之滨的奄都，虽无大水患，但农田失修，水涝也常常影响农业生产，致使人民生活得不到保障，长期处于动荡不安的环境中，人民有怨言，产生不满的情绪。奴隶主贵族们的残酷剥削、压迫和奴隶们怠工、逃亡的反抗斗争一直不断发生，这种内忧外患、危机四伏的形势，促使盘庚在即位以后的十多年中，不得不考虑挽救的办法。

盘庚迁殷

　　商朝自汤建国以来，前后经历了十个王，均在亳定都。但自第十一代仲丁起到盘庚前的第十九王阳甲为止的九个王朝，竟五次迁都，其中十一王仲丁迁隞，十三王河亶甲迁相，十四王祖乙迁邢（今河南温县东），后又迁庇（今河北广宗城北沙丘平台一带），十八王南庚迁奄。迁都为何如此频繁呢？

　　原来亳、隞、相、邢、庇、奄六个王都，均在黄河两岸，为的是用水便利，但黄河又是一条常出问题的河流，大雨一来就泛滥成灾，汛期一到，水害更大，如邢就曾被水淹没。黄河泛滥时，大水冲毁良田，人民无所收获，而商人中的贵族豪富，大发国难财，更加剧了国家的财政恐慌，甚至造成王室穷、贵族富的局面，许多大户因此无视王权。故摆脱黄河水害，成了摆在商政权面前，也是摆在新当政的商王盘庚面前的重大难题。

　　同时，商朝王位继续采取"兄终弟及"的方法，即兄死由弟继位，直至少弟死后，再由长兄之子继位。"兄终弟及"这个王位继承法与父死子继法相比，使有权当商王的家族人选相应增加了。

十一王仲丁的父亲太戊是少弟，传说他继位后出现了一件奇事：亳都的宗庙生出一棵妖树，一半是桑，一半是谷，一夜间，妖树长得又高又粗，而且两部分互相争斗起来，太戊十分恐惧，后经相辅伊陟的提醒，太戊大修德政，以德克妖，终于使桑树自行枯死。这个传说其实是太戊时期王位继承斗争尖锐化的反映，是将王位传自己儿子，还是传给长兄儿子的两种不同势力的斗争。由于太戊的安抚政策奏效，传子派暂时得势，但反对派的力量还相当强大。

太戊为了转移本族的矛盾，大肆兴兵伐方国取胜，出现了所谓的"中兴"局面，太戊也就成了商王中地位显赫的"中宗"。但"盛世"随着太戊的去世而消失，两派斗争再度激化，取得王位的太戊之子仲丁无力应付势力强大的反对派，只得迁都于隞，首创了商王迁都的纪录。从仲丁到阳甲的九个王朝，两种势力交替占上风，王都五度迁移，造成"九世之乱"的局面。内乱必引起外患，商王朝西方、北方的方国，如周、土方、舌方等趁机崛起，又不来朝贡商王。

如上种种原因，致使盘庚决定迁殷。盘庚迁殷在商朝历史上有着重要的意义，在盘庚后第三王武丁时期，商王朝的统治达到极盛阶段，在盘庚迁殷后至商灭亡经 8 代、12 王、273 年间，再也没迁过王都，因此商朝在历史上又被称为殷或殷商。

武丁中兴

武丁是商代后期功业最盛的君主。武丁号称高宗，为盘庚弟小乙之子，盘庚之侄。武丁少年时代，其父小乙曾让他行役于外，长于民间，和平民一起参加劳动，生活困苦，知稼穑艰难。小乙死后，武丁即位。即位之初时，"乃或亮阴，三年不言"。对此，有人认为是默以思道；有人认为是一种"丧制"；还有人认为是武丁曾患"不言症"。

武丁亲政之后，勤于政事，注意节俭，能很好地治理国家，其特点之一，就是任用贤才。他在民间时，听说虞（今在山西平陆一带）地有位贤人甘盘，便去拜访，求教治国之道。他将甘盘请到朝中任相，辅佐朝政。傅说是隐居在民间的另一位贤人，据说他是胥靡出身，胥靡乃罪犯奴隶，启于圜（huán）土之上，圜土乃商朝监狱。说"衣褐带索"，在傅险（位于今山西平陆县东）这个地方筑城。武丁梦中得说，即派百工到广野之地求说，推他为相。因为他是在傅险被发现的，故又称傅说。武丁任用甘盘、傅说等人，在巩固统治的基础之上，也利用发展起来的经济力量和军事力量，对周围的方国进行了一系列战争。

在商朝约六百年的历史上，盘庚迁都至殷（今在河南安阳小屯）是一个转折点。从此，商朝一直到纣灭亡的273年间，再没有迁徙王都。它扭转了商中期一度出现的"九世之乱"的局面，加强了商王朝的统治，对发展社会生产起到了推动作用。商朝同四周分布的方国曾不断发生战争，但以武丁时最频繁、最剧烈，这点在商朝的甲骨文中有所反映。

武丁用兵的重点是西北方的舌方、土方、鬼方。

舌方居住在今山西、陕西北部直至内蒙古自治区河套以北，是西北地区的游牧部落，武丁时舌方非常猖獗，屡次寇商边界，甚至侵于商郊，商王经常接到沚（zhǐ）君的紧急军情报告。武丁曾多次亲自率兵征伐，所用兵力多达三五千人。甲骨文中有"登人（征兵）五千"，及很多"王往伐舌方"的记载，足见战争激烈程度和规模之大。土方居住在今山西北部一带，武丁时土方曾与舌方联合侵犯商的属国沚，土方在沚的东面，进犯沚的东部边境；舌方在沚的西面，进犯沚的西部边境。甲骨文有"沚盛告曰：土方征于我东鄙（郊野之处、边远的地方）……"对付土方这个强悍的部落，武丁也要亲自征伐，甲骨文有"王伐土方"的记载。用兵人数，最多亦达五千，可见土方之强，不在舌方之下。鬼方居住在今陕北、内蒙古自治区及其以北的辽阔地区，是强大的游牧部落。武丁曾命震率军讨伐鬼方，并调动西部属国的兵力，花了三年时间，才平定鬼方；一部分鬼方人被迫西移。

商朝西北的敌人还有羌方，羌人善于养马，"多羌马"在商朝的战争和商王的田猎中起着重要作用。武丁为掠夺羌方的财富，曾对其大举用兵，所征调的兵力，竟达一万多人。

羌方居住今晋南、陕西一带，也是商时用兵的主要目标。甲骨文中有关羌方的记载很多，武丁时伐羌方所用兵力最多，远远超过伐舌方、土方的人数，最多的一次是妇好率领一万三千万人征伐羌方。妇好是武丁的配偶，1976 年在安阳殷墟小屯发现的妇好的墓，殉葬武器达一百二十余件，这表明墓主人生前是一个率兵征战的巾帼英雄。在战争中俘虏的羌人，被商人用作人殉、人祭的牺牲。甲骨文记载了很多这类的材料，数字是惊人的。

商朝在南方无劲敌，武丁曾经南征，"奋伐荆楚"，此后，商朝的势力延伸至长江以南地区，被武丁征伐过的方国还有缶（fǒu）、蜀、湔（jiān）方、基方以及江淮流域的虎方等。武丁征服了商朝西北至南方的广大地区。如《诗经》所云："武丁孙子，武王靡不胜。龙旗十乘，大糦（古时祭祀所用黍稷之类。糦，xī）是承。邦畿

（王城及其所属周围的地域）千里，维民所止，肇域（疆域）彼四海。四海来假，来假祁祁。景员维河，殷受命咸宜，百禄是何。"

武丁在位五十九年，商朝的政治、经济、文化都得到了空前发展，达到强盛时期，史称"武丁中兴"。

祖庚和祖甲

武丁时，商王朝发展到了强盛时期。武丁在商代历史上以武功著称，他对四方的征伐取得了很大胜利。他是商朝的一代杰出君王，但是，他又是一个很迷信、很残酷的帝王，用俘虏到的大量羌人做祭祀的人牲。武丁在位五十九年后病死了，他的后代为他立庙，尊称他为高宗，古书中又称为武王，说他"享国百年"，就是说他活了一百岁。其实他在位五十九年，死时是八十多岁。

我国光辉灿烂的青铜文化是商代的劳动人民创造的，而奴隶们是青铜文化的主要创造者。他们是社会生产的部分承担者，也是武装力量的一部分，可他们中的许多人被当作牲畜用来祭祀和殉葬。商代以活人祭祀，就目前所见资料来说，武丁时期是最多的。从甲骨卜辞可知，武丁有三个入于祀典（记载祭祀仪礼的典籍）的王后，分别是妣（bǐ）戊、妣辛、妣癸。第一个王后生祖己（即孝己，武丁之长子）以后死去了；续立的王后生子祖庚，后来也死去了；再立的王后生的儿子叫祖甲。

祖甲出生时，武丁已经年老，老来得子，分外宠爱祖甲。祖己死后，武丁已经立祖庚为太子，但他又听续妻的话，想改立他宠爱的祖甲为太子。祖甲从小知礼仪，认为这与商王朝的制度不合，是不义的，怕引起王室内部兄弟间关于王位的纷争，重演"九世之乱"的悲剧，便偷偷地离开王都，到当年他父亲生活过的平民家中去了。他也学着武丁当年一样，和平民们一起生活，参加一些劳动，亲眼看到平民和奴隶们的生活状况。武丁此时因为年老无力顾及祖甲的出走，后来得知祖甲逃到他当年生活的地方去了，和"小人（古代指地位低的人）"们在一起，也不管了。

武丁死后，王位由祖庚来继承。祖庚名曜（yào），祖甲时的卜辞中称冗庚；廪辛、康丁时期的卜辞中称父庚。即位时年纪已经不小了；若按武丁死时的年纪在八十岁以上来看，则祖庚继位时也是六十岁左右的老人了。因为有武丁打下的统治基础，有武丁开创的强盛局面，他即位后，坐享了十年左右的清福就病死了。

祖庚死后，祖甲继承王位。祖甲名载，有的古书中称作"帝甲"，晚期甲骨文中也称祖甲，廪（lìn）辛、康丁时期的卜辞中称为父甲。晚期周祭的卜辞中，祭祀祖甲的比祭祀祖庚的多，因为祖甲是直系先王，祖甲继位时又正是商王朝最兴旺的时期，这时期四方称臣，远近纳贡，王族内部也因为武丁统治有方，在位时就将一些有势力的王室亲贵或分封到大邑商的四周，或派驻到被征服方国中去，他们共同捍卫商王朝对四方的统治，也就减少了王族内部争权夺利的矛盾。武丁时期的甲骨文中有几十个称作"子某"的人，这当中有的是武丁的儿子，除少数留在王都外，大多都受封在外。如常见的子央、子妥等，都有进贡龟甲和牛骨的记录，有的在武丁未死以前就死了，如子渔（有的学者认为子渔就是孝己）、子宋、子安、子太等。所以自武丁以后，王室内部暂时处于安定的状态之下。

祖甲因为在民间生活过一段时间，亲自看到平民和奴隶们的生产生活状况；尤其是武丁长期征伐四方，经常征召平民和奴隶去当兵打仗虽然征服了许多方国，开拓了不少疆土也使得许多人家破人亡、生活贫困，所以他"作其即位，爱知小人之依，能保惠于庶民，不敢侮鳏（guān，无妻或丧妻的男人）寡"（《尚书·无逸》）。也就是说祖甲懂得要巩固商王朝的统治，没有人民是不行的，要给人民休养生息的时间，不再加重他们的负担，使他们能够安定地生产生活。所以在祖甲时期，没有大的征伐战争发生。

祖甲在位时，致力于报效祖先的功劳，创造了"周祭"来天天祭祀祖先。商王和法定的配偶死后要入宗庙中享祀，就列一个庙号，这个庙号是以十个天干——甲、乙、丙、丁、戊、己、庚、辛、壬、癸为顺序的，就以每一年的第一旬的甲日开始（不一定是第一天），甲日祭报甲，乙日祭报乙，丙日祭报丙，丁日祭报丁……到癸日祭报癸，一直祭到他的哥哥祖庚，这就是一周。一周所花的时间为九旬（九十天），所用的祭名有五种（关于这五种祭名的用法，目前学者们的认识还不一致，暂略）。"周祭"的时间与殷代历法一年的时间并不完全一致，两者是有差别的，因为周祭是以旬（十天）为单位的，而阴历的月份有大小月之分，大月有三十日，小月有二十九日，到了闰年有闰月。

祖甲末年，为了限制大大小小的奴隶主贵族过分地盘剥人民，过多地榨取方国的贡物，怕大小亲贵的奢侈、贪心引起方国和人民的反抗，削弱商王朝的统治，他下令修行先祖成汤制定的刑法——《汤刑》，想借祖宗的威力，用严刑来限制那些不肖子孙。这样一来，反倒使得那些亲贵对祖甲离心离德，故意刁难他，当朝不朝，应贡不贡，大有各自为政的势头，于是商王朝的统治又被削弱了。

廪辛到武乙

祖甲在位三十三年死去，由他的儿子廪辛继承王位。廪辛名先，有的古书中称作冯辛或凭辛，甲骨文中没有廪辛的庙号，康丁时祭祀的卜辞中称"兄辛"。帝乙、帝辛时期周祭的卜辞中称为"祖辛"。廪辛在位三四年就死去了，王位由他的弟弟康丁继承。

康丁名嚣，古书中误将"康"字写为"庚"字，称为"庚丁"。甲骨文中称作康丁或康祖丁。因为他是直系先王，在晚期卜辞中祭祀康丁的比祭祀廪辛的多。

商王朝的统治虽然在祖甲末年因为统治阶级的内部矛盾而有所削弱，但没有引起大的混乱，仍然处于一个相对稳定的时期。祖甲以后的商王是怎样一个状况呢？商被周武王灭了以后，周公（姬旦）有一段评语："自时厥后，立王生则逸；生则逸，不知稼穑之艰难，不闻小人之劳，惟耽乐之从，自时厥后，亦罔（没有）或（语气词，在否定句中加强否定语气）克寿（引证解释，谓能长寿）或十年。或七八年，或五六年，或四三年。"（《尚书·无逸》）就是说自祖甲以后，做商王的都是些贪图安逸的，根本不懂得种庄稼的艰难，不知道人民的疾苦，一味地荒淫享乐。自那以后，往往是些短命的商王，长的只有十来年，短的只有三四年。周公为了说明商王朝灭亡的原因，不惜夸大其词，其实只说对了一半，"惟耽乐之从"，祖甲以后的六个商王确实如此，这从甲骨文中大量的田猎卜辞中可以看出来。但是，说他们都是些短命的商王，就不是事实了。因为只有廪辛、康丁、帝乙三王的在位时间没超过十年，而武乙、文丁和帝辛在位的时间都长达二三十年。

康丁至帝辛时期的甲骨文中，有大量的关于"王其田"或"王其田某（地名）"的田猎卜辞，从形式上看，这是商代统治者们的游乐活动。尤其是康丁开辟了以衣（殷，今河南沁阳）为中心的田猎区后，更是经常往来于这一地区。但是应该看到，商代的田猎活动还具有军事演习和开发土地的性质，康丁在位时除了祭祀和田猎外，还对西部地区的一些方国进行过征伐。

武乙名瞿，甲骨文中称为武乙或武祖乙，商末的铜器铭文中也称武乙，是直系先王。武乙是一个酷爱田猎的商王，他在位的三十多年里，大部分时间都用在了田猎上。为了巩固其统治，他命令武将去征伐西部地区反叛的方国，还伐过处于今湖北秭归的归伯。在对西部地区各方国的征伐中，最大的战斗是伐旨方，由沚式〔此字依甲骨文原形隶定（将古文字按照其原有结构写成现代的字体），是武丁时大将沚贰的后人〕率领数千军队，经过数次战斗，终于征服了旨方，并且俘虏了两千人。由于武乙以重兵对付西部地区的方国，使得西部地区除羌人外，都臣服于商，商王朝的统治再次稳定下来。

武乙末年和周族的君臣关系有所发展。武乙、文丁时期的卜辞中有"命周侯，今生月无祸"的记载（《甲》436）。这是占卜商王要受命周侯做某件事，从现在到下一个月（生月）有无灾祸的卜辞，周族在武丁时期的卜辞中称作"周方"或"周"。武丁时周臣服于商，经常要勤劳于王事，卜辞中叫作"古王事"。听从商王的调遣，向商王朝进贡龟甲和牛，还要进献祭祀时烄天祈雨用的女巫，供家内使用的女奴。武丁妃子中有一个叫作"妇周"的，就是周方从秦地（今甘肃天水与清水之间）选来进献给武丁的美女。商周关系还称得上融洽，但有时也有矛盾，一旦周方不勤劳王

111

事，武丁就要命"多子族（王族亲军）"或犬侯、仓侯这些与周为邻的诸侯去警告周，迫使其服从商，这在卜辞中叫作"璞（pú）周"。从甲骨文来看，商周关系从武丁到武乙时期都还算正常。

甲骨文中的周，就是建立周王朝姬姓族的先祖。古书中记载周的始祖是协助大禹治水的农官后稷。后稷的儿子叫不窋，夏王朝建立后仍然做夏的农官。夏太康失国，不窋逃到西部戎人和狄人部落的辖区去了。周族人擅长农业，到了戎狄地区后，就定居下来，开垦土地，从事耕种，一直在戎狄地区生活了十几代。入商以后，周族传至古公亶父时，戎狄多次与古公亶父发生冲突。最后，古公亶父因受不了戎狄部落的排挤，便率领族人离开了居住十几代的豳地（今陕西旬邑西。豳，bīn），来到岐山（今陕西岐山）下，在那里开辟土地，修建城邑，建立家园。此地就是古书中所说的"周原"。

古公亶父有三个儿子，长子叫大伯，次子叫仲雍，幼子叫季历。季历娶妻太妊，生子叫昌。姬昌从小聪明颖秀，深得古公亶父钟爱。根据甲骨文记载来看，古公亶父已经被商封为诸侯，并有意将侯位传给季历，大伯、仲雍见此情景，就都逃到东南方的吴地（今江苏无锡，近年来有学者认为是在今陕西宝鸡附近）去了，这是有意让季历继承侯位。后来，古公亶父病死了，季历就继位为周侯。周族人来到岐山下以后，利用周原这片有着良好自然条件的土地，大力发展农业，影响很大，附近地区的一些氏族、部落也归附于周侯。季历继位以后，又得到发展，势力逐渐强大起来。这时，商周关系正处于融洽时期，商王武乙授予周侯季历征伐大权。于是，季历率兵西伐程（今陕西咸阳市）、北征义渠（今宁夏固原），灭了程，活捉了义渠首领。自此，周声威大震。季历为了表示是商王朝的诸侯，在武乙末年曾带着贡物到商朝见武乙。武乙见周侯在西部地区势力虽然强大，但仍臣服于商王朝，非常高兴，便赏赐给季历三十里土地、十双美玉、十匹良马。

武乙得到周侯季历的协助，征服了西部地区的一些方国，致使他相信只有用武力才能统治国家，于是对商族传统上的迷信上天鬼神产生了怀疑；加之对史官们借助祭祀、占卜干涉他行为的不满，因此，在许多情况下，武乙自己来执行占卜，不要史官们代言，在他那个时期的卜辞中，有贞人（史官）的不多。武乙为了加强王权，打破神权，还命令工匠雕了一个木偶，称作天神，并命人将这个木偶安置在王廷中，设下赌局，召集朝臣们来观局，他要亲自与天神赌博。有一个史官告诉他，木偶不会赌博，他便命这个史官代替天神来和他赌，史官只得应付，步步退让。武乙连赢三局，便问道："你既然能替天神言事，为什么还输，可见天神不灵验。"于是，便命侍卫们将木偶的衣冠剥去，将木偶痛打一顿。在场的史官们都吓得面色苍白，背后骂他无道！武乙知道以后，也不以为意。武乙又命工匠缝制了一个皮革口袋，里面灌满了牛羊血，在郊外立起一根很高的木杆，命人将口袋挂在木杆上，下令史官、朝臣和民众都来看他射天。等大家到了以后，他便用弓箭将那个口袋射破，血水喷流，然后他大笑道："天也被我射得流血了。"自此以后，史官们再也不敢干涉武乙的行为，武乙则更加放荡，仗恃能以武力制人，无所顾忌，经常带领队伍出去打猎。

周侯季历朝见武乙受赏以后，又征伐了西方部落鬼戎（即鬼方，商周时居于我国西北方的少数民族），俘虏了这个部落的大小头目二十个，并派使臣向武乙报捷。武乙得知季历又征服了一个大部落，便率领人马到西部地区去打猎，并且越来越远，一直到了黄河和渭水（今渭河，黄河的最大支流，发源于甘肃省定西市渭源县鸟鼠山，主要流经今甘肃天水、陕西省关中平原的宝鸡、咸阳、西安、渭南等地，至渭南市潼关县汇入黄河）之间。

有一天，武乙一行人正走到一个山顶上，忽然雷雨交加，武乙的衣服被淋湿了，还没来得及避雨，就被雷电击死了。这自然就给那些迷信很深的史官们提供了一个借口，说武乙因为触怒天神，被上天诛罚了；也给后代那些迷信的史官们提供了一个武乙暴虐无道、天怒人怨才被雷击死的因果报应的证明，说武乙暴虐，根据就是武乙打木偶天神、射天，喜欢打猎。虽然再没见其他资料，但在迷信鬼神很深的商王中，武乙敢于藐视天神，打破神权，加强王权，是个有所作为的人。至于他被雷击死，那是他完全不懂得科学，在山顶上不知道躲避雷雨的结果。

纣王暴虐

商朝帝乙的长子叫启，由于他不是王后所生，也叫"庶出"，因而不能被立为太子，只能称为"庶子"。帝乙的小儿子叫受，为王后所生，称为"嫡子"。帝乙原打算立启为太子，但朝中太史官极力反对，说这是"嫡庶"不分。在商代的宗法制度下，帝乙只好立受为太子。封长子启于微（今山西潞成东北），后人称他为"微子启"或"微子"。

纣长得又高又大，聪颖多才，勇智超群，能赤手与猛兽搏斗，且善辩能言，因此，他恃才傲物，从来不听臣僚们的劝谏。帝乙两次率兵征伐人方（即夷方），虽然没有彻底打败人方，却使商朝的东南部得到暂时的安宁。又征服了盂方，使东部地区的矛盾得到大大缓解。

古时，受、纣二字同音，所以人们称受为纣王，又称商纣王或殷纣王。纣继位后，贪图享乐，挥霍无度，整日与美女在一起，常常彻夜嗜酒寻欢。王室中的贵族都纷纷效仿，也随之恣意奢靡起来。有的谀臣为了讨纣的欢心，还时常向纣提出各种玩乐的方法。纣嫌商都（今河南安阳小屯村一带）游乐的地方少，被历代祖先的宗庙和自盘庚后各商王的陵墓所占，再加之每年都要有不少祭祀活动，于是纣下令在商都朝歌（今河北南淇县。朝，zhāo）以南建起离宫别馆；在商都以北的邯郸（今河北邯郸市）、沙丘（今河北平乡东北）修建了南北长二百多里的林苑亭台；在沙丘又营建一个很大的苑囿（yòu，养动物的园子），里面饲养了禽兽，种植下果木，供他围捕狩猎。

纣王性情残暴，不仅是反对他的人，就连向他提出劝谏的亲信臣僚，也一律要施以重刑。轻者终身残疾，重者全家丧命。这种暴虐的统治，是我国历史上前所未闻的。东夷部落由于不愿忍受这种暴行，便起来反叛商朝。纣王大怒，征缴了大量的军事费用，决定征伐东夷，做好了出征的准备，使百姓的生活更悲惨。除此外，纣王对邻近的诸侯国采取威逼的政策，从粮食、牛、羊五畜，到珠宝玉器，无所不取。

在商王朝沁阳（商朝属于京畿重地）田猎区旁有个小属国有苏〔今河南武陟（zhì）东〕，因地小人稀、物产也不丰富，进献纣的贡赋总有欠缺，纣便认为有苏故意反商，就派人去征战。有苏无力抵御，又深知纣喜欢美女，只得从族人中挑选出一个叫妲己的美女献给纣，以求得宽容。纣见妲己生得漂亮，心情一下子好转，才撤兵免贡了。

有了妲己以后，纣生活上更加花天酒地，无心管理朝政。为了弥补因征战而加大的经济开销，纣采用加重赋税的办法，将负担全部转嫁到百姓身上。自征服东夷后，纣不但没有发展社会生产力，而且整天和妲己淫乐。妲己喜欢观看歌舞，纣就命乐师延创作了怪诞舞。商王朝盛行打猎，纣更加肆无忌惮，不惜将商都附近的大好农田荒废，让禽兽任意践踏，供贵族玩乐。为满足自己的淫乐，纣竟又想出"酒池肉林"的玩乐方法。"酒池"就是在人工挖成的池塘中放满了酒，传说池中的酒多得能在里面划船，可供数千人狂饮不竭；"肉林"就是把肉悬挂在树上，人们可以随便伸手摘取食用。每当纣王朝臣取乐时，纣王都命令成群的赤身裸体的男男女女在"酒池肉林"间嬉笑寻欢，常常是通宵达旦。

纣伐有苏氏后，各属国不敢抗贡。人方是东夷中的一个方国，是纣征伐的主要目标。纣率领上万商军向东夷进攻。纣又下令东方各诸侯国出兵助商伐东夷。在这支庞大的征战队伍中，出现了一支由象组成的队伍，这些象是被捕捉来的，经饲养驯服后，用作驮运工具，征战时还可充当进攻敌人的"武器"。东夷各部落经不起商军的攻打，几次战役后，被商俘虏了不少士兵，东夷只好投降。纣为了保持东夷的长久"安宁"，留下商军驻守。由于大批商军的留守，朝聘（古代诸侯亲自或派使臣按期朝见天子）往来频繁，从经济、文化上都加速了东南地区的开发。纣征伐东夷，得到一段短暂的安泰时光；但与此同时，也在各诸侯国中种下了不满的种子。

由于纣王朝中的谀臣费仲、蜚（fēi）廉、恶来、崇侯虎，常常陷害忠良，向纣进谗言，纣便发明了一种酷刑——炮烙（堆炭架烧铜柱，令人行走其上，以致落火被焚身亡）。纣惨无人道的暴行引起

了朝内诸侯大臣们的反对。有个在朝的诸侯叫梅伯，曾多次劝谏
纣不要对臣民滥用重刑。可纣一意孤行，不但将梅伯杀了，还将
他醢（hǎi，古代的一种酷刑，把人杀死后剁成肉酱）了，分赏给诸侯
们吃，并宣布再有劝谏者，照此处罚。被列为商王朝三公（西伯、
九侯、鄂侯）的之一的九侯，封于今河北临章，有一个女子长得很
漂亮，纣王得知后，便将那个女子选入宫中。

　　九侯因为看不惯纣和妲己的淫荡，表示反对，就被纣杀死，
并施以醢刑。另一个公鄂，封于今河南沁阳西北，因此事指责纣，
也被纣杀死了，他的尸体被制成干尸示众。西伯姬昌当时在商
都，见到两公接连遇害，只是叹惜地说了一句"太过分了"，被崇
侯虎听见报告给了纣，纣慑于周地势力较强，才没杀死姬昌，但

下令将姬昌囚禁在羑里（在今河南省安阳市汤阴县北。羑，yǒu）。西伯被囚禁的消息传到周后，周的大臣闳（hóng）天、散宜生等人料到费仲是个好利的佞臣，而纣又是喜色之徒，便在莘国（今陕西合阳东南）选了一个美女，在西戎选了些骏马和美玉、宝器，让费仲献给纣王，请求费仲替西伯说情。

纣见到莘氏后，果然万分高兴，说："此一物（指美女）足以释西伯，况其多乎？"于是下令放了西伯，并赐予西伯弓矢斧钺等兵器，授予西伯征伐诸侯的权力。还说："谮（zèn，诬陷、中伤）西伯者，崇侯虎也。"西伯献出洛水以西的地方，请求纣废除"炮烙"之刑，纣同意了，西伯又回到了周地。当商纣王一味沉湎于花天酒地、歌舞升平时，周人已经开始了灭商的复仇大业。

焚廪丧众

一个月黑风高的夜晚，一群奴隶起来暴动，放火烧了商王的三个大粮仓，熊熊大火，直冲云端，染红了半边天。火光中，奴隶们手持棍棒和粗笨的石铲，与守仓士兵展开了激烈搏斗，厮杀声震天动地。一个守仓的官吏在混乱中仓皇出逃，连夜赶到商王那儿告急，商王武丁闻变大惊，急忙派出大批士兵前去镇压。

这样的奴隶"焚廪（lǐn，米仓）"事件，不仅使奴隶主遭受重大经济损失，还影响到他们的祭祖大事。为了对付这种反抗，商王简直伤透了脑筋，以至于三天两头就要怀着恐惧不安的心情进行占卜，希望从神祇（泛指神。"神"指天神；"祇"，qí，指地神）的预言中得到奴隶暴动的消息，好便于防范。但是，无论他们如何求神问卜，也不能阻止奴隶的反抗斗争。奴隶的"焚廪"暴动完全是由奴隶主残酷的阶级压迫和剥削激起的。

据殷墟卜辞和有关古文献记载，商代奴隶有臣、妾、奚、仆、刍等名目，还有一种"众"，甲骨文写作日下三人形，意为许多手足胼胝（手掌足底生满老茧，形容经常地辛勤劳动。胼胝，pián zhī）的人在烈日下艰难地劳动着。有人认为"众"是农业奴隶，也有人认为是从事农业劳动的平民，但不管怎样，"众"的地位总是很低的。这些奴隶，大多来源于战俘，也有一些是失去财产的债务人。他们完全为贵族奴隶主所有，在奴隶主眼中，他们只是会说话的工具，毫无自由和权利，不准服兵役，更无权受教育和参政。他们承担了社会上一切农业、手工业、金属冶炼铸造等繁重劳动和各种徭役，创造了大量物质财富和灿烂的文化艺术，但自身却一无所有。

奴隶们住的是像牲畜圈一样的从地面下挖而成的竖直土坑，吃的是猪狗之食。从商代奴隶的遗骸（骨头）看，他们普遍患有严重的齿病，有些人的牙齿大半都是磨平了的，这显然是饮食极其粗劣和营养不良造成的。他们平时稍不顺从，便会遭受到奴隶主的野蛮屠杀或残酷刑罚，如刺面（在犯者面部刺字，染以黑色）、割鼻、断足、桎梏（zhì gù，中国古代的刑具，在足曰桎，在手曰梏，类似于现代的手铐、脚镣）、流放、活埋，甚至将奴隶剁成肉酱或放在臼中活活捣死。殷墟发掘出的奴隶尸骨中，有的身首异处，有的断手断脚，有的全身分为两截，有的前额还留有明显的刀砍痕迹。这些都是奴隶遭受严刑残杀的明证。

更骇人听闻的是，奴隶主死后，还要杀戮大批无辜的奴隶来殉葬。每次殉葬，少则几十人，多则几百人，在奴隶主每年举行的祭祀仪式上，奴隶也被作为祭牲，与牛、羊、犬、豕一起使用，最多一次竟要屠杀上千个奴隶。如武官村一座商王陵墓的里面和外围，就埋着大批殉葬奴隶和牲畜车马，墓的东西两道，有好几条长坑，每条长坑里都埋着一至三个奴隶，手持戈和矛，象征守卫者。北面墓道和接近墓室的地方，也有规则地埋着许多奴隶的头颅，每排十个头颅，共有二十多排。单这座王陵，殉葬的奴隶就多达三四百人。

奴隶主惨无人道的压迫激起了广大奴隶的愤怒和仇恨，他们不断地用消极怠工、破坏工具、焚烧奴隶主仓库或逃亡的方式来反抗。甲骨文里反映出了奴隶反压迫斗争的方式，最突出的就是奴隶大量逃亡。逃亡的奴隶有刍、羌、仆、众、州臣等。甲骨里常有"亡刍""亡羌"这样的记载，出现更多的是"丧众"。

商王非常关心奴隶逃亡的事情，经常求神问卜，今天问："我会丧众吗？"明天又问："某人会丧众吗？"后天还问："众人去翻地，不会有逃亡吧？"怎奈乌龟壳并不能告诉他们奴隶逃亡的消息。有一次，又有一批臣奴逃跑了。商王武丁十分着急，连忙命卜人用龟壳进行占卜，问逃跑的臣奴能否被抓到，并亲自看了卜光，判断说："老天保佑，在两三天之内就能抓到吧？"可是问了半天，龟板上仍然毫无动静。直到十五天之后，才总算抓住了那些逃亡的臣奴。除了逃亡之外，奴隶们还经常以暴动反抗奴隶主。

甲骨文中曾多次记载商王亲自出马镇压奴隶暴动的情况，叫作"途众"。"途"字有追击、镇压之意，每当奴隶成批逃亡或起来暴动时，以商王为首的奴隶主们便赶去镇压。逃跑的奴隶一旦被抓回，就会遭受到更为残酷的迫害，有的被乱箭射死，有的被凌迟（千刀万剐）处死，也有的被用作祭祀祖先的牺牲。但是，无论奴隶主对奴隶如何残酷镇压，都丝毫吓不倒奴隶，反而激起奴隶们更为强烈的反抗。《尚书·牧誓》和《左传》记载说："纣为天下逋逃主。"可见到商朝末年，奴隶逃亡和暴动更趋于频繁了。

商人的图腾

人类学研究告诉我们，在氏族社会里，每个氏族都崇拜自己的图腾。图腾大多数是动、植物，有的是实际存在的，也有幻想的，它们被认为与该氏族有亲属关系或其他密切的关系。

但是，由于年代久远，史料零星、残缺，上古图腾崇拜难以构成一幅清晰而完整的图景了。例如，商人在其氏族社会阶段的图腾是什么，就是一个疑云未消的问题。从前，人们一般认为，商人是以玄鸟（古代中国神话传说中的神鸟）为图腾的。

根据《史记》《诗经》等书的记载，有娀（sōng）氏的女儿简狄吞了玄鸟之卵而生下商人的始祖契。但玄鸟到底是哪种鸟，对此，就有不同的说法了。

旧说之一认为是燕子。按照《吕氏春秋》上的记载，简狄和她妹妹还因为没有捉到那只下蛋的燕子而遗憾地唱出"燕燕往飞（燕子飞去了）"的歌呢！旧说之二认为玄鸟是凤凰。一个突出的例证就是，屈原在他的作品《天问》和《离骚》中都提到了简狄吞鸟卵而生契的故事，但在《天问》中称鸟为玄鸟，在《离骚》中则称为凤凰，可见玄鸟即凤凰。郭沫若就赞同屈原的说法，他认为"玄"是神玄的意思，不能理解为黑色，他还认为凤凰鸟是生殖器的象征。

以上是由简狄吞鸟卵生契的故事引出的两种说法，而由商人奉祀的帝俊又引出几种不同的说法。

有的学者通过对商周青铜器纹饰的研究，提出了与上述诸说不同但又稍有联系的新观点。于民在《对我国奴隶社会青铜器艺术审美观念的一些探索》一文中提出，在青铜器纹饰中，凤纹出现于殷末周初，商先人以凤凰为图腾的说法与这一客观存在的事实未免难以吻合。他认为商人的图腾是"夔"，但其形状并非如同上引关于帝俊形象的诸说所描述的。他认为青铜器上被称为夔纹的似龙而一足的纹饰表现的就是商人的图腾夔（kuí，古代传说中的一种龙形异兽）的形象，并且进一步认为盛行于整个商朝的饕餮（tāo tiè，传说中的一种贪婪凶残的猛兽，常见于青铜器上，用作纹饰）纹也是由两个夔形所组成的。至于凤鸟，于氏认为是一个在商末开始壮大起来的氏族集团的图腾。这个氏族在周人灭商以前是商的重要组成部分，后来成为周人积极拉拢的对象。《诗经》上所说的"天命玄鸟，降而生商"的神话可能就成熟于商末周初时期。周人既要拉拢联合这一氏族，对于他们抬高自己身份的神话采取了宽容、承认的态度，因而玄鸟的传说得到广泛流行，而俊、夔等传说以及夔纹入周后却受到冷遇、曲解，饕餮纹的地位自然就被凤纹所取代了。但另有学者指出：所谓的夔纹表现的是龙的正侧面，并非有别于龙的另一类动物，将因侧身而只现一足的龙纹与文献中所说的一足的夔混为一谈纯属附会。

郭沫若认为，"俊"与甲骨文中提到的商先祖夔在甲骨文中字形相近，而夔与喾音又相近，《山海经》中帝喾和帝舜的传说又明显相似。因此帝俊、帝舜实即一人，都是商人的祖先。现在有不少学者同意这一看法。从甲骨文字形来看，俊字呈动物状而且明显非人形，因此帝俊原先可能是商人的兽形祖先，是个图腾。那么这个帝俊究竟是什么动物呢？从甲骨文字形来看，它有长着尖嘴的头，有些写法头上似乎还有两角，有一条腿（也许是因为表现侧面角度才只有一腿），一条短尾，有时还挂着一根类似拐杖的东西。这奇形怪状的帝俊，引发了人们对于它的身份的多种猜测：有人认为它是猩猩，这与《说文解字》中"夒贪兽也，一曰母猴，似人"的说法相近；有人认为它是个鸟头人身的怪物；神话学家袁珂提出了较为折中的看法，认为帝俊是一个长着鸟的头，头上有两角，猕猴的身子，只有一只脚，手里常常拿了一根拐杖，弓着背，一拐一拐地走路的奇怪生物。

文王访贤

周与商王朝之间是一种隶属关系。周族日趋强盛，引起了商王朝的恐惧，以致文丁借故将季历杀死了。季历死后，他的儿子姬昌继承了王位。姬昌被封为西方诸侯的首领"西伯"，又叫文王。

文王一方面继承后稷、公刘的治理方针，即发展农业；一方面按照古公亶父、季历的做法，努力将周国治理强大，以报商王朝的杀父之仇。在治理朝政时，他牢记古公亶父的遗训，广为招贤纳才，对有真才实学的人倍加敬重，甚至连中午饭都来不及吃好，就要招待"贤才"。

当时，不少著名的能人得知周文王广求"贤才"的消息后，纷纷跑到周国归属于他，就连商王朝的著名大臣也有跑到周国来的。这时，商王朝的大臣崇侯虎把周人聚集人力、物力准备反商的情况报告了商纣王。商纣王听后十分恼怒，马上命人将周文王抓来，关在羑里。

周文王手下的贤才想出了一条妙计，把美女、好马和大量的财宝献给纣王，以示周国对商朝的"忠诚""顺从"。贪婪的商纣王果然中计，不但释放了文王，还赐给他弓、矢、斧、钺等仪仗，授予他自行征伐小国的权力。文王被放出来后，更加仇恨商纣王，内心复仇的信念更强烈了。为了能找到辅佐周国讨伐商纣王的人才，他不惜余力。

一次，文王出去打猎，在渭水的南岸看到一位垂钓的老者。他与这位白发苍苍的老人交谈，愈谈愈投机。那老人滔滔不绝地阐述治国安邦的精辟见地，使文王意识到他就是自己需要的"贤才"。周文王兴奋地对那位老人说："像你这样有本领的人，我们老太公盼望很久了！"从此以后，就将那位老者称为"太公望"。

周文王马上将他请上车子，与他一同回到王宫，封他为专理军事的太师。那位老人姓姜，名尚，字牙，又叫姜子牙。他老家在东方，祖先在舜时当过大官，曾与禹一起治水，立过大功，被封在吕，所以又姓吕。到夏朝后，吕姓子孙逐渐分化，很多沦为穷人，吕尚家里也很穷。他年轻时，为了维持生计，曾在商都朝歌宰牛卖肉，后来又到孟津开酒铺。在商朝，他徒有才华，却没有施展之地，转眼已成为七十多岁的老人，可他还心存一线希望，想找到用武之地。

他听说西方的周文王广求贤德后，便每天到岐山西南渭水支流的一条兹泉小河钓鱼，期待着能碰见周文王。姜尚时运不佳，他钓了三天三夜，都没见有鱼上钩，气得他脱去了衣服、甩掉了帽子。就在他思忖（思量。忖，cǔn）着如何才能钓到鱼的时候，有个农夫对他说："你钓鱼时，把渔线弄得细一点、鱼饵做得香一点，扯钩时要轻，这样才不会惊动鱼！"姜尚按这个办法一试，果然每钩都能钓上鱼来。姜尚从中悟出一个道理，要想覆灭商朝，也要和钓鱼一样，必须悄悄地做准备，一切从长计议，不能惊动商朝。周文王得到姜尚后，事事和他商量，用各种计策动摇商朝的统治基础。

周文王不仅加强本国的治理，还与周围各小国联盟，使虞、芮（ruì）等小国都归属了周朝。同时又大举征伐西面的一些少数民族，吞灭了犬戎（古代活跃于今陕、甘一带）和密须（今甘肃灵台），消除了周国的后患。紧接着东渡黄河，灭了黎国（今山西长治西南），又攻占了邘（hán，今河南沁阳），从邘又回师灭掉了商西部重要的同盟国崇，抓到大批俘虏。在不断的对外战争中，周国不断强大，经济上也有很大发展，并在沣水西岸修建了丰京（今陕西长安西北）。

从此以后，天下三分，周文王占其二，政治、经济、军事等力量大大地超过了商王朝，一步步向商都朝歌逼近，奠定了灭商建周的基础。

孟津之会

周原为商朝西陲（chuí，靠边界的地方）的一个小属国。周文王在位五十年，实行了许多正确的政策，国力逐渐强大，逝世时天下三分已得其二，为灭商奠定了基础。文王死后，武王即位，以太公望为师，周公旦为辅。召公、毕公都在王的左右。

当姬发积极筹划灭商的时候，商纣王却大动干戈，向东南用兵。当时的商王朝政治上已经十分腐败，但军事上仍有较强的实力。

周武王即位后的第二年，就发动大军，载文王木主，由镐京出发，进入今河南境内，到达古渡孟津，表面上是为了进行军事演习，实际上是为了试探伐商的可能性。周武王观兵孟津，八百诸侯不期而会，要求立即伐商。但周武王认为时机尚未成熟，仍然率军返回镐京，等待新的机会。

武王决定乘机搞一次会师演习，以便了解自己的号召力和军事状况。结果在出征时诸侯小国纷纷响应，率领人马前来孟津助战，使周武王增强了灭商的信心。但是，因时机还未完全成熟，还是班师回朝了。这次灭商预演，史称"孟津之会"或"孟津观兵"，实际上是一次为灭商做准备的军事演习和检阅。

武王率大军先西行至毕原（今陕西西安市长安区内）文王陵墓祭奠，然后转而东行向朝歌前进。在中军竖起写有父亲西伯昌名字的大木牌，自己只称太子发，意为仍由文王任统帅。大军抵达黄河南岸的孟津（今河南孟津县东北），有八百诸侯闻讯赶来参加。人心向周，商纣王孤立无援的形势已经形成，诸侯均力劝武王立即向朝歌进军。

武王和姜尚则认为时机还不成熟，在军队渡过黄河后便又下令全军返回，并以"诸位不知天命"告诫大家不要操之过急。又两年，武王探知商纣王更加昏庸暴虐，良臣比干、箕子忠言进谏，一个被杀，一个被囚；太师疵、少师强见纣王已不可救药，抱着商朝宗庙的祭器出逃；百姓皆侧目而视，缄（jiān，闭）口不言。

武王同姜尚研究，认为灭商条件已经完全成熟，便遵照文王"时至而勿疑"的遗嘱，果断决定发兵伐商，通告各诸侯国向朝歌进军。

武王伐纣

纣之所以能稳固地统治国家超过二十年（有的古书中记载为五十多年。根据甲骨卜辞和金文所记来推算，不可能有五十多年），与其父子两代将东南部经营成较为巩固的统治区域有关。

周武王即位后，在太公望、周公旦、召公奭（shì）、毕公高等人的辅佐下，开始积蓄力量，准备伐商。当时，纣虽然荒淫暴虐，但商终究是一个有着很长历史的大国，不仅有雄厚的物质基础，而且有强大的武装力量。自纣伐东夷以后，将大批的商军留驻东部地区，长期以来东夷各方国有时也小叛，但再没有发生过大的战争。

周武王即位九年（一说是十一年）后才开始伐纣。可这一次还不是正式进兵商都，只是"东观兵，至于孟津"。是用车载着文王的神主牌，"言奉文王以伐"（《史记·周本纪》）。所谓的"东观兵，至于孟津"也就是率兵到孟津，这是一次率兵示威行动。孟津在黄河渡口以南，距商都还很远，只是一次试探性的军事行动。这次武王收到了聚众的效果，即"是时，诸侯不期而会孟津者，八百诸侯"（《史记·周本纪》）。武王没有事先约会诸侯，就有八百个诸侯到孟津会合。

所谓"八百诸侯"，也就是大大小小的几百个氏族、方国的首领。这些诸侯可能都是商王朝西部地区的，都是主张伐纣的。周武王一看不行，其他地区的诸侯还没来，尤其是一些大的、有实力的方国还没有发动起来，就说"时机还未到，不可以伐"，便率兵回去了。周武王观兵孟津后，纣根本不做任何准备，仍在淫乐，而且暴行越来越厉害，发展到六亲不认，囚箕子、剖比干的地步，甚至连乐官把宗庙里的祭器抱了逃走都不管不问。

周武王又准备了两年，才向全国诸侯发表伐纣檄文（古代用于征召、晓谕的政府公告或声讨、揭发罪行等的文书。檄，xí）说"纣罪孽深重，不能不消灭他"，率领戎车（兵车）三百乘，虎贲（勇士。贲，bēn）三千人，甲士（披甲的士兵）四万五千人东进伐纣。周武王率领周军再次来到孟津，会合伐纣的诸侯。这次，周不但争取到本地区更多的诸侯，还争取到了分布在西北、西南和长江、汉水流域的一些氏族、方国，如庸、蜀、羌、髳（máo）、微、卢、彭、濮等前来助战。

各路人马到齐以后，周武王在孟津举行了誓师大会，然后率军向东进发，渡过黄河北上伐纣。此时，纣还沉浸在鹿台的酒宴歌舞中，得到周武王率兵前来征伐，已至孟津会合诸侯的消息，慌忙命人前往东夷各地调集驻防的商军，同时将分布在王畿内从事各种劳役的奴隶集中起来，编为军队，发给他们戈、矛等武器。又调集了商都朝歌、沙兵等处的亲军、卫队，一共得到了七万人。

纣一看，队伍的人数还不少，只是正规军不多，他本想等待驻守东夷的商军回来以后再去和周军作战，没料到周武王率领的伐纣联合大军一路上没遇到任何抵抗，极为迅速地赶来了。纣只得驱军南下，刚走到朝歌的南郊牧野（在今河南淇县南七十里），就远远望见周军了。周军虽然不如商军多，可是队形严整，旌旗鲜明，士气很高，战鼓齐鸣，呈现出"前歌后舞（原指武王伐纣，军中士气旺盛，后用作对正义而战的军队的颂辞）"的旺盛景象。

而"纣师虽众，皆无战之心"（《史记·周本纪》）。商周两军在牧野布阵对峙，周武王为了进一步鼓舞伐纣的联合大军，再次宣布纣的罪行，发誓灭纣。周军士气大振，决心和商军拼死一战。周武王十一年（一说是十三年）正月甲子日的昧爽（拂晓），商周两军在牧野展开大战，就是我国古代史上有名的牧野之战。《诗经·大雅·大明》中记载有周的后人歌颂这次战斗的史诗：

殷商之旅，其会如林。

矢于牧野，维予侯兴。

上帝临女，无贰尔心。

牧野洋洋，檀车煌煌，

驷（sì，马）骍彭彭，惟师尚父，

时维鹰扬，凉游彼武王。

肆伐大商，会朝清明。

奴隶们平日里在以纣为首的奴隶主贵族们的压榨之下，就曾以各种形式来反抗，现在又被驱赶着去送死，更加激起了他们反抗的决心。纣将临时编成的奴隶兵放在头阵，充作先锋队，而以亲军、卫队为后队，驱赶着奴隶兵去冲锋陷阵。因此，头阵的商军刚与周军交战，就被训练有素的周军击溃了，"纣军皆倒兵以战"（《史记·周本纪》，《尚书·武成》有"前徒倒戈，攻于后以北"之语）。这些奴隶兵掉转戈、枪回杀商军，为周军向北开路。这就是"前徒倒戈"成语的来源。周军有了倒戈的商军助战开路，直抵朝歌城下。

纣见大势已去，深知自己罪恶多端，若被擒获，必被处死，于是就登上鹿台，穿好衣服，将多年搜刮来的美玉宝器堆在身边，命人放火焚烧鹿台，自焚而死。周武王得知商纣在鹿台自焚而死，就亲手举起大白旗，将伐纣的诸侯们召到面前，兴奋地向诸侯们宣布了这个好消息。

诸侯们都向周武王拜贺。然后，周武王率领诸侯进入朝歌，来到鹿台之前，不由得怒从心起，亲自对着鹿台射了三箭，然后才从车上下来，用剑对着鹿台挥舞了三下，表示自己诛杀了纣。武王又命人将纣的尸体抬出来，即便商纣已经烧得不成人形，他还是用黄钺斩下商纣的头颅，挂在了大白旗上，昭示商纣已经被诛杀。姐己和有莘氏等美女都已经自杀，周武王也斩下她们的头颅，挂在了小白旗上。

第二天，周武王在朝歌郊外设立祭坛，举行了隆重的祭祀仪式，宣告天下："周革了殷的命，商朝灭亡。我受天命来管理天下。"自此开始了西周王朝的历史。

周公东征

公元前1027年，周武王灭掉商朝之后，迅速出兵征伐商朝各地的诸侯，基本上控制了商朝原来的统治地区。

同年四月，武王返回周都。周武王虽然灭掉了商朝，但周原来是商朝的一个西方属国，现在猝然间取代了商朝的统治地位，如何牢固地控制东方地区，是摆在周统治者面前的一个严峻的问题。师尚父主张把敌人全部杀掉，以绝后患；召公认为应当加以区别，"有罪者杀，无罪者活"。周公提出了分化利用，既要进行武力监视，又要施以笼络的策略。

武王最后决定采用周公的策略，封纣的儿子禄父（武庚）为商后，留在商朝旧都，通过禄父控制商人，再由武王的弟弟管叔、蔡叔和霍叔三人进行监督，称为"三监"。殷都以东为卫，管叔监之；殷都以西为庸，蔡叔监之；殷都以北为邶（bèi），霍叔监之。这实际上是把过去的商周关系颠倒过来了。不久，周武王病死了，他儿子成王继位，由武王的弟弟周公旦掌管政事。

管叔、蔡叔对此不满，散布谣言，说周公打算谋害成王，窃取王位。武庚乘机和管叔、蔡叔串通，联合东夷中的徐（今江苏、安徽北部）、奄（今山东曲阜）、薄姑（今山东博兴附近）等方国部落，发动了复国战争。面对这种严峻形势，周公毅然决定调动大军，举行第二次东征，平定武庚和管、蔡的叛乱。经过三年的持续战斗，周公取得了完全性的胜利，他杀了武庚和管叔，流放了蔡叔，进一步巩固了周朝的统治。周公东征虽然取得了胜利，但商朝潜在的社会势力并没有被彻底消除，还很顽固地存在着。

在周公东征的过程中，大批商朝贵族成了俘虏，周人称他们为"献民"（原指周灭商后，商遗民中之臣服于周者，后泛指遗民）；因为他们顽强地反抗周朝，又被叫作"殷顽民"。这些人时刻梦想着恢复过去的地位和荣华富贵，要制服他们困难很大。文王建都于丰，武王又在丰水东岸建立镐京，但都太偏于西面，不利于控制广大东部地区。因此，武王在灭商之后便考虑，在原来夏人的居住中心伊、洛流域建立一座新的都城。

周公鉴于武庚和管、蔡大规模叛乱的教训，认为听任商朝旧贵族继续留在原来的地区是十分危险的，于是决定营建洛邑（今河南洛阳），把"殷顽民"迁到那里，并派大军震慑。周公派召公到武王选定的地区，测量了宫室宗庙的位置，做出建都计划，监督殷人建筑新邑，作为统治东部地区的政治和军事中心。

从此，周朝有了两座都城，西部的镐京称为宗周，东部的洛邑称为成周。周王朝在这里驻扎了八师（每师一万两千人）的军队，称为"成周八师"，作为统治东方的基本军事力量。周公对商朝的历史相当熟悉，从中吸取了不少统治经验和教训。他选用了一些商朝的典范（"殷彝"），以所谓的"义刑义杀"来对付被征服的殷人。他告诫殷顽民说："我执行上天的旨意灭掉商朝，把你们迁到洛邑来。我不杀你们，还给你们房子和田地，你们要老老实实地向周朝臣服，以求得上天的宽恕！如果你们不老老实实地顺应天命，我不仅要夺去你们的土地，还要执行天命，杀掉你们。"

通过这样的软硬兼施和分化利用，殷顽民在严密的军事、政治监督下，被周朝的统治逐渐降服了。

昭王南征

周初大封诸侯，建立全国的政权，巩固了统治地位。但是，在南方的巴、濮、庸、卢等"群蛮"各国，以楚国为中心，很多是商朝的附属国，他们在南方延续着商文化，对后来中国统一起到了奠基作用。

成王召熊绎到歧阳来参加盟会，却只交给他看管祭神火堆的职务，不准他参加大会。楚人对这件事一直耿耿于怀，时刻都在积蓄自己的力量，扩大自己的领土，吞并了周围的小国，并自称为楚王，寻找机会与周抗争。

周王朝当时是天下共主，当然难容楚国示威，因此，自周初以来一直没有放弃对楚国及其附属国的征讨。成王时期就曾多次伐楚，派军队戍守汉水一带。昭王是西周建国后的第四代君王，在前人创业经营的基础上，社会经济不断发达，已经达到鼎盛时期。

西周征服楚国，平定南方的条件基本成熟，而且昭王征服楚国、平定南方的心情也愈加迫切了。他多次率领军队向南方进攻，并多次获得胜利，同时俘获了大量奴隶及财物。昭王还调用成周的八师驻军前去攻打楚国。成王时期的一件著名铜器"令簋（guǐ）"上有关于这次伐楚事件的铭文："昭王伐楚伯在炎。"

楚人及其附属国进攻周境地也时有发生，楚国的部落曾深入周朝内地，昭王举兵反击，收复失地，一路追击，一直打到楚国都城。连年的征战，虽使楚国有所收获，但也激起了楚国各族人民的憎恨与反抗。昭王十九年，昭王再次率领浩浩荡荡的六师人马前去伐楚。

传说，在南渡汉水时，当地人民把一艘用胶粘起来的大船献给了昭王，昭王得意扬扬地上了那艘船，船行驶到汉水中心时，胶水被河水溶化，船散了，坐在船上的周昭王和同行的祭公一起掉进了水里。幸好有个力气大、胳膊长的侍卫辛游靡，奋力将昭王从水里捞了起来，但此时的昭王，早已经被水淹死了。昭王率领的六师人马也被楚人打得一败涂地。

周人隐晦不言，史书里关于这次军事行动的记载很少，只是说："昭王南巡不返。"自此以后，周王朝失去了对南方的控制权，西周时期，楚国及整个南方都没有被征服。楚国不断发展壮大自己的实力。

夷王时，楚王熊渠分封了三个儿子，将势力拓展到长江南岸和中下游地区。楚国征服了几个小国，包括姬姓在内的诸国，即"汉阳诸姬，楚实尽之"。

到春秋时期，楚国终于成为五霸之一，雄踞南方，问鼎周疆，创造了光辉灿烂的楚文化。

周穆王西征

犬戎（今陕西彬县、岐山一带）系古戎族的一支，殷周时游牧于泾渭流域，是殷周西方的劲敌。周穆王十二年（约前10世纪），穆王率军进攻犬戎。

周文王曾对之用兵，使其荒服于周。穆王时犬戎的势力更加强大，阻碍了周与其他方国、部落的往来。这年，穆王率师西攻犬戎，广获其五王（《后汉书·西羌传》），并把一批犬戎部落迁至太原（今甘肃平凉、镇原一带）。这就打开了通向大西北的道路，加强了周人同西北各族人民的友好往来，具有重要的历史意义。虽然如此，再根据《后汉书·西羌传》仅知"获其五王，又得四白鹿，四白狼，王遂迁戎于太原"。即俘其部落首领五人，而"四白鹿，四白狼"中的"鹿"与"狼"，有人认为是指以鹿、狼为名号的戎族。

从战果来看，此次战争的军事胜利并不大，而且由于穆王对边疆少数民族采取高压的政策，导致的后果对周极为不利。《史记·周本纪》谓"自始荒服者不至"，说明周王朝因为攻犬戎之战，使其在周边外族中失去了威信。穆王战胜犬戎后，继续西征，一直打到昆仑，还相传与西王母在瑶池相会(《古本竹书纪年》)。说明周穆王时，周的势力曾一度深入西域地区。

国人暴动

公元前 841 年，是我国历史上有确切纪年的开始。

这一年，发生了一次具有重大历史意义的革命事件，就是西周都城镐京的"国人"发动暴动，赶走了周厉王，是西周衰落的转折点。周厉王姬胡是个暴虐的君主，他为了搜刮民财，实行独占山林川泽的"专利"政策。

这样一来，就限制了占"国人"多数的平民的谋生出路，引起了极大的民愤。周厉王采取高压手段，派人监视"国人"的活动，禁止"国人"谈论国家政事，违犯的人就要被杀头。这种恐怖手段只能见效一时。"国人"表面上沉默了，但内心更为愤恨。周厉王却利令智昏(因贪利而失去理智，不辨一切)、得意忘形，对人说："我的办法消除诽谤了！"他没料到，沉默的火山爆发了。

以共伯和为首的贵族联合"国人"，包括王宫所属的工匠、卫兵全都参加了暴动。周厉王仓皇出逃，渡过黄河，奔匿到彘，后来就在这个地方死去了。他的儿子姬静躲藏到召公家里。"国人"包围了召公的住宅，要杀死周厉王的儿子。召公无可奈何，只好将自己的儿子交出来，冒充太子姬静，才算了事。"国人"推举共伯和"摄行天子事"，历史上称为"共和行政"。

从此以后，周天子在诸侯中的控制权开始动摇了。"国人"暴动说明西周阶级矛盾的尖锐化。周朝长期的战争，频繁的徭役，加重了平民的负担。他们经常发出愤愤不平的呼声："官差不得息，庄稼种不成，饿死爹娘谁来问？"平民的处境如此艰难，奴隶的生活就更悲惨了。

白天，奴隶主驱赶他们到田野里，在监工们的鞭子下和吆喝声中像牛马一样地劳动；夜晚，还要给奴隶主搓绳子，纺棉花，从事副业生产。他们一年到头，无论是烈日炎炎，还是寒风刺骨，天天都要给奴隶主干活，他们自己却吃不上，穿不暖。古书上说："无君子莫治野人，无野人莫养君子。"这反映出奴隶和奴隶主之间的对立关系。西周社会的奴隶毫无人身自由，奴隶主贵族把他们像牲畜一样地买卖和转让。

据西周时期的青铜器《大盂鼎》上的铭文记载，周王赏赐给一个名叫盂的贵族各种奴隶竟达一千七百多人。青铜器《曶（hù）鼎》上的铭文记载着这样一件事：有一个叫曶的奴隶主，有十秭（古代数目名，万亿）禾（古代指谷子）被奴隶主匡季抢去了，便告发了匡季，并且打赢了官司。无奈，匡季赔偿给曶五个田，一个"众"和三个"臣"的奴隶。比奴役、随意转让和买卖奴隶更为残暴的是让奴隶殉葬，而这种现象在西周社会极为普遍。

考古工作者在陕西沣（fēng）水西岸发掘的西周早期的小墓中，发现有九个墓全用奴隶殉葬。其中较大一点的墓，可能是地位较高的奴隶主贵族，殉葬的奴隶竟有四人。可以想象，周天子和各国诸侯的墓葬中，殉葬奴隶的数目多惊人。受尽苦难的奴隶们，怀着刻骨的仇恨，无情地揭露奴隶主贵族的罪行，猛烈地抨击他们不劳而获：

奴隶们啊，把檀树砍。砍下来的木材堆积在河滩，
河水清清起波澜。耕种收获你全不管，凭什么三百块庄

田的粮食都往你家搬？出狩打猎你从来不干，凭什么你家满院挂猪獾（huān）？那些君子啊，谁说不是白白吃闲饭！

这首伐木歌对奴隶主的控诉是多么深刻啊！

在奴隶主的层层控制下，奴隶们经常用怠工、破坏生产工具等方式进行斗争，一有机会便设法逃跑。当时，有个奴隶主和别人发生纠纷，出去打官司，等他回家一看，几百个奴隶全跑光了。西周末年，奴隶的数目在大量减少。

周宣王执政时，曾经进行过一次大检查，但检查也不能阻止奴隶们的斗争。奴隶们再也不能容忍下去了，他们说："老子发誓另找生路，明儿搬家去找乐土，乐土啊乐土，那里才是我的安身之处。"在当时的历史条件下，奴隶们的"乐土"只不过是空想。但是，追求自由的理想激励着他们不停地斗争。公元前771年，我国西部的犬戎族乘西周因王位继承问题发生内部争夺的有利时机，攻占了镐京，把周幽王杀死在骊山下，西周就此灭亡了。周平王继位后，不敢再住在镐京，在公元前770年，他在一些贵族和诸侯的护卫下，将国都迁到洛邑（今河南洛阳）。这就是"东周"的开始。

"共和"执政

中国历史有明确纪年的是《史记·十二诸侯年表》记载之"共和"元年。这一年（前841），西周镐京的"国人"因不堪厉王的暴政，举行了暴动。结果是厉王被赶到彘（今山西霍县），天子大权由他人执掌，直至共和十四年宣王立。然而，关于"'共和'年间执掌国政者是谁"这个问题，历来就有两种说法：一说是周公、召公，一说是共伯和。

前一说源于《史记·周本纪》："召公、周公二相行政，号曰'共和'。"此"共和"两字，前一字为副词，后一字为动词，意谓两公和衷共济，代周王行政，采纳司马氏说法的古代著名学者不少，如韦昭（《国语解》）、杜预（《左传注》）、司马光（《稽古录》）、李贽（zhì）（《史纳评要》）等，后一种说法源于《竹书纪年》："共伯和干（夺）王位。"此谓因共伯和其人代行王政，故而称"共和"，采纳《竹书纪年》中说法的学者也不少，如郦（lì）道元（《水经注》）、苏辙（《古史》）、罗泌（《路史》）、顾炎武（《日知录》）、梁玉绳（《史记志疑》）等。

延至现代，史学家们的观点仍分为两派，范文澜、李亚农、林汉达等学者认为该采纳《史记》的说法，他们认为，当时"国人"起而暴动，仅限于反抗厉王过度的暴政，本意并非要推翻文武以来的王统，只指望由较仁贤的统治者来代替厉王。当时，周公是宗周的第一家贵族，召公是第二家贵族，并且曾谏阻厉王勿以暴虐弭谤（禁止非议。弭，mǐ）。周、召二公得到国人的拥戴是很自然的事，贵族共和在当时来说不失为一种适合情势的政治制度。再者，根据史籍所载，共伯和是卫厘侯之子，《史记·卫世家》载：卫厘侯卒，长子共伯余即位，其弟共伯和袭杀其兄，夺得卫主之位，此即为卫武公，然而，据《史记》年表，卫厘侯十三年，厉王出奔。厘侯二十八年（前827），周宣王立，卫厘侯四十二年（前812）厘侯卒，共伯和（武公）嗣（继承）位，然而，此时已是宣王十六年。也就是说，厉王出奔时，厘侯尚在位，共伯和还只是侯国的一个世子，年岁亦小。在春秋时期，世卿权重，尚不敢于诸侯之位，共伯和作为侯国的一个世子，在嫡长继承制极端严格的西周，岂能轻易一跃而登周天子大位？另外，史书多载共伯和有贤名。如《吕氏春秋·开春论》载："共伯和修其行，好贤仁，而海内皆以来为稽矣。"又《鲁连子》曰："共伯名和，好行仁义，诸侯贤之。"但正是这位甚有贤名的共伯和，同时犯下了杀兄和夺天子位的大罪，似不可信，很有可能是捕风捉影，以讹传讹了。

郭沫若、顾颉(jié)刚、尚钺诸人却认为应当采纳《竹书纪年》的说法。他们认为，共伯和乃海内皆知好行仁义之人，因而在厉王出奔、太子年幼、政局动荡之际，"诸侯奉和以行天子事"(《鲁连子》)，很好合乎当时人的意愿，当时他虽然还是世子，但仍然可以"干王政"。《左传·昭公二十六年》载有厉王被逐时，"诸侯释位，以间王政"之语，杜预注"间"为"犹与也；去其位，与治王之政事"，虽然没有明说"释位间政"的人是谁，但可推断必然是在外的诸侯。孟康注《汉书》云"共伯，入为三公者也"也可作为证明。进而言之，《国语》有"昔武公年数九十有五矣，犹箴(zhēn，劝告、劝诫)儆于国曰……于是乎作《懿戒》以自儆(jǐng，使人警醒、不犯过错)也"的记载，武公年九十五岁作《懿戒》，其卒年必不在此年，假若就在这一年，则据《史记》年表为平王十三年，推算知其当生于"共和"纪元前十九年，至"共和"元年已二十岁，如享年百岁，则"共和"之始年二十五岁。大凡有过人才智者，必定不待壮年后才有所为。何以断言身为世子的共伯和年仅二十，就不能"干王位"？当时国势颠荡，亟(jí，急切)须一位能控制局势而又得民心的人，卿士们虽顾念宗制，也有不得已让共伯和干政的可能。从另一方面看，以共伯和德行不符来否定他曾经干政,也是有失偏颇(偏向某一方面,有失公允)的,历史上每一种新的进步无不表现为对于某种神圣事物的亵渎,表现为陈旧事物的日渐衰微,以及对人们习惯崇奉的秩序的叛逆。纯粹的道德化标准不能作为解释与衡量历史是否进步的最高标准,更何况是在讨论取代暴虐的周厉王这个具体的问题上。共伯和不杀太子静,后来又还政给宣王,这种审时度势而定进退,尊而不喜,废而不怒的行为,正是他具有政治家风度与才能的表现。

司马迁照理是读过西汉所存战国时的书的,《史记》摘自《吕氏春秋》的文字就很多。共伯和之事在诸子书中记载不少,他没有不知道的道理,但为什么他没提共伯和"干王位"的事,而另外提出周、召两公"共和"的说法呢?有的学者认为,这是因为司马氏认为摄行王政是一件大事,而这样的大事不见于孔子之书不足信,于是把共伯和干政之说视为百家杂说,删去了共伯和干政之事,但"共和"纪元不能废,于是他循周初成王时周公旦代王政故事而衍生了一种说法。

两说并存久远,现在一般通史或历史教材采纳《史记》说法(或将《纪年》中的说法作为备注附在此种说法之后);有采纳《纪年》中的说法的;有的干脆不注明谁人执政,只言"诸侯共管"。两说至今仍难以确定孰是孰非,"共和"年间的执政者是谁,也就成了一个至今难解的谜。

宣王中兴

周共和十四年(前828),周厉王死后,召公把太子静奉为天子,即周宣王。

141

周宣王面对内外交患的动荡局面，采取了一系列的措施，缓和了社会矛盾，呈现出经济短暂兴旺的景象。首先是在政治上，他表明不搞垄断，有事与大臣共同商议，《毛公鼎》上记载着"周宣王发布的政令要有毛公的签字才有效"；他申令各级官吏不要欺压百姓，不可贪财，不准酗酒，以扭转官府中腐败的作风。其次是在经济上，取消了厉王时期的专利政策（指一切土地、山林、河塘为王室所有），放宽了对山林川泽的控制。

周宣王还宣布"不藉千亩"，废除籍田典礼（春耕之前，天子率诸侯亲自耕田的典礼，是"祈年"的礼俗之一，寓有重视农耕之意。籍田指古代天子、诸侯征用民力耕种的田），这是在周王室的区域内废除奴隶制和籍田制，不仅增加了财政收入，还缓和了厉王时形成的紧张的阶级矛盾。籍田制是让奴隶耕种王室和奴隶主贵族土地的一项制度。西周以来，周天子和各级奴隶主贵族控制着大面积的良田沃土，这些土地称为公田。由于当时生产技术低下，耕作公田时需要成千上万的奴隶，进行大规模的集体耕种。

奴隶们没有自由，日出而耕，日落而息，在田间劳作还要受到"田畯"（jùn，管理奴隶耕种的官）的鞭打和监督，田地里收获的所有果实，全部归奴隶主贵族所有。奴隶们也有一小块自己的耕地，这块土地上收获的东西才是奴隶赖以生存的，但奴隶们只有"公事毕"，然后才能"治私事"，即先把奴隶主贵族的土地收种完毕，才能管理自己私田的事。废除籍田制，是把贵族、王室的公田分给奴隶们，让他们去耕种，然后王室收取成果。这是奴隶主贵族受到压力被迫采取的一项措施。

随着籍田的废除，籍田典礼也就显得可有可无了。奴隶集体耕种公田，所获物产是周王室和贵族经济的主要来源，所以周王室和贵族对籍田很重视，每到春耕时节，周天子便举行籍田典礼，天子在田地上亲自动手挖一铲土，然后百官们跟着挖，最后让奴隶们耕作。

西周时"天子亲藉千亩"的典礼虽然是摆摆样子，但实际上对大批率领、监督奴隶耕作的百官，有示范和鼓动的作用，使那些"田畯"更忠于职守了。宣王"不藉千亩"的措施，也使一部分国有土地上的奴隶转变为"隶农"，原本没有人格的奴隶具有了半独立的人格，成为"隶农"，他们的劳动生产积极性有所提高，同时，厉王时遭到严重摧残的农业生产也有所恢复。

宣王凭借暂时得到恢复的国力，开始对外征战，北伐猃狁（xiǎn yǔn）、西戎，南征荆蛮、淮夷，出现了"中兴"局面。自西周中叶，少数民族就时常有犯周的举动，为了解除这些少数民族的威胁，转移国内视线，周宣王先后发动了对西北猃狁、东方徐戎、南方楚和西方戎人的征伐。周宣王二年（前826），宣王开始对南方的荆蛮和东南的淮夷发动战争。

周宣王曾命令方叔带兵攻打荆蛮，命令召虎率师攻伐淮夷，命令尹吉甫征讨徐戎，直到公元前810年，历经16年的苦战，才把那些部落征服，这样，周王朝的版图又扩大了。周宣王把新征伐的土地赏赐给召虎、申伯、仲山甫等功臣（这在《诗经》里有记载。《诗经·江汉》里，召虎被封江、汉一带；《诗经·崧（sōng，同"嵩"）高》里，申伯被加封；《诗经·烝民（民众、百姓。烝，zhēng）》里，仲山甫被封往东方）。宣王时的征战，"复先王之境土"，从少数民族手中收复了周朝中期以后因国力衰弱而失去的国土，并且还恢复了边疆少数民族与周王朝的关系，这与周共王以来那种日渐冷落的局面形成鲜明的对比。

宣王晚年,不断对外征战,使国力损耗很大,"西六师"、成周八师都遭到袭击,周宣王三十六年(前792),宣王征伐条戎、奔戎,惨遭失败。周宣王三十九年(前789)征伐西戎时,不得不把"南国之师"调来作战。但这一仗宣王再次遭败北,"南国之师"被戎人彻底消灭了。财力和人力的严重匮乏,使宣王想到利用各级贵族手下没有被国家控制的"隶农",要求贵族们按实有奴隶人数从事战争和各种劳役。

这便是历史上所说的"料民于太原"。所谓"料民"就是统计人口,在实行这项政策前,王室中就设有"司民",掌握天下人口数字,国家对应服兵役和各种徭役的人数也是清楚的,但由于奴隶是没有姓氏的,没有资格列入统计数据之内,因此,贵族们就利用奴隶们为自己开辟私田,想方设法向王室隐瞒人口的实际数字。

推行料民政策,就引发了王室与贵族间的矛盾,当然会遭到贵族们的强烈反对。有一个名叫仲山甫的大臣,曾对宣王说:"百姓的人口数目是不能统计的,统计出确切数字,会暴露周王朝人口减少、兵源松竭的弱点,这样,各诸侯国就会偏离王室,会妨碍到国家治理。"但周宣王不顾贵族们的反对,坚持推行"料民"政策,虽然使周王朝能控制的人口数量有所增加,兵源问题也得到暂时补充,但是,由于西周奴隶制王朝已经不是一朝一王所能挽救的,宣王的"中兴"只是延缓奴隶制社会崩溃而已。

宣王死后,到了他儿子幽王时,西周王朝终于在天灾、人祸和外族入侵下灭亡了。宣王死后,太子宫涅(shēng)继位,即周幽王。幽王执政时,暴虐荒淫,百姓怨声载道。幽王宠幸褒姒,褒姒生的儿子取名为伯服,幽王废掉太子,同时又废除太子的母亲王后，立伯服为太子，立褒姒为王后。

史伯阳父说："祸患已经酿成了，谁也没有办法了！"周幽王时设有烽燧台和大鼓，有敌寇入侵时，便点燃烽火来召集援兵，褒姒不爱笑，幽王为了取悦褒姒，让士兵点燃燧火（古代边防报警的烟火），诸侯们率兵赶来了，却不见敌人；褒姒见了果然大笑，幽王喜欢她的笑，就屡次点燃烽火，最后导致失去了信用。虢（guó）石父是幽王的部下，此人为人奸谗巧诈，善逢迎好利，百姓都厌恶他，幽王却任用石父为卿，执掌政事。

被赶走的太子和被废除的申后得知这件事后十分愤怒，纠集了缯（zēng）国和西夷、犬戎一并攻打幽王，幽王燃起烽火，召唤援兵，可这次诸侯们都没有派兵来，最后，犬戎将幽王杀死在骊山下，俘走了褒姒，掳光了周京的财物，而后，诸侯跟着申后拥立前幽王的太子宜臼，就是周平王，以供奉周朝的祭祀。周平王即位时，周朝都城镐京已经残破不堪，戎人遍布王畿各地，周王朝常受其滋扰。因此，周平王元年（前770），周平王在各诸侯的护卫下，迁都到洛邑。由于洛邑在镐京的东面，所以历史上称为"平王东迁"，而迁都后的周王朝被称为东周。

平王东迁时，依靠的主要力量有郑国、卫国、秦国、晋国。这四国在地理位置上围绕着东周王室，可以起到护卫王室的作用，还兼有与东周王朝联系方便的好处。

郑国的桓公是周宣王的庶弟，被封于郑，他执政有方，颇得郑国百姓拥戴。周幽王时提升他为王室的司徒，又得到河、洛地带民众的好感，犬戎入侵时，他坚持在王朝守职，和幽王同时被杀。郑桓公的儿子武公一心想替父雪耻，在与戎人的交战中，身先士卒，临危不惧，战功显赫，周平王命他继承父职，为周王朝的司徒。

卫国封于周初，卫国的祖先卫康叔原是周武王的弟弟，周夷王时封卫顷侯为侯爵。到了卫武公时期，他一心恢复卫康时实施的各项德政，使国家繁荣，百姓安宁。当卫武公得知犬戎杀死幽王的消息时，他带领将兵立即前往宗周，与戎人勇猛作战，立下了大功，被周平王晋封为"公"的爵位。

秦国的襄公与西戎是世代冤仇，他的祖先是周宣王时的秦仲，宣王时提拔秦仲为大夫，在讨伐西戎的战斗中殉职。秦仲的长子庄公带领四个兄弟，继承父业，得到宣王补充的七千人马，大胜西戎，后被宣王封为西垂大夫。秦庄公的长子名世父，他一心想为祖父秦仲报仇，发誓说："戎人杀了我祖父，我必然要杀死戎王！"他把应该由他继承的爵位让给了弟弟襄公，亲自率兵与西戎拼杀去了，但出师不利，战败后成为戎人的俘虏，被关押了一年多才回来。秦襄公在幽王被杀之后，为雪祖恨兄辱，带兵竭尽全力挽救周王室，并立下功勋。

烽火戏诸侯

西周最后一位君主就是宣王的儿子周幽王（？—前 771），幽王是个亡国之君。

史书上讲到西周灭亡时，总要讲到"幽王宠褒姒"的故事。幽王的妃子褒姒长得很漂亮，可是不大爱笑。幽王宠爱她，总想让她高兴发笑，但用尽千方百计，总也不成，幽王忽然心血来潮，想不妨开个举烽火的玩笑。

"烽火"是古代使用的军事警报信号。国都四周以及通往重镇、要塞的地方，沿途相隔二三十里就在高处建有烽火台，设军士日夜守候，一旦敌人来犯，就举烽火报警。夜间举火，白日举烟（烧狼粪产生的浓烟，故又名狼烟）。烽火狼烟是向全国征兵勤王（君王有难，臣下起兵救援君王）的十万火急的军令。

显然，这是关系国家安危的重大军事措施，不可轻举妄动。幽王一心要博得褒姒欢心，竟然忘乎所以，下令举火。一时间，烽火连天，狼烟四起。诸侯、将领们立即统率人马，鸣金击鼓，日夜兼程而来，好不威武。可一到都城，既不见战事，更不见敌人，各路诸侯大为泄气，敢怒不敢言，收兵回去了。

褒姒见此情景，不禁大笑起来，幽王竟非常得意。幽王欲立褒姒做王后，就废了申后，又要杀太子宜臼。宜臼逃到申国，幽王又派人到申国追捕。申侯是宜臼的外祖父，怎么肯将宜臼交出来让人杀害呢？幽王于是派大军来讨伐。申侯与犬戎联合袭击幽王。幽王势危，举烽火告急，可这次再也没人来救他了。褒姒被犬戎掳去，幽王被杀于骊山之下，西周王朝的大厦终于倾倒了。

骊山顶上，古烽火台的故址犹存，成为相传12王、历时257年的西周王朝灭亡的历史见证。络绎不绝的游人来到这里，常常评论起周代帝王的千秋功过，或说幽王昏庸，褒姒倾国，罪在一人；或说那是历史的必然，举烽火只是个偶然的事件，偶然反映了历史的必然，可偶然终究是由必然所决定的。至今，这两种历史观仍在争论着。

镐京之役

武王伐纣，实现了新旧王朝的更替，周公东征，巩固了新生政权，从此，西周王朝进入了全面兴盛繁荣的阶段，这在历史上被称为"成康之治"。然而，社会历史始终处于动态发展之中，平衡稳定只是暂时的，不平衡冲突则是永恒的。

对于西周王朝来说，虽然能在一段时间里保持兴旺发达的局面，但是，各种制约它发展、影响它稳定的因素一直存在着，这包括内部阶级关系的对立，周边少数部族的军事威胁，等等。这种潜流在地下运行，一旦时机成熟，便会尖锐爆发，最终动摇其统治根基，使周天子头上所戴的王冠失去了光亮的色彩，幽王年间发生的镐京之乱就是这种矛盾的总爆发。"风之动，起于青蘋之末"。

西周王室的中衰，并非骤然而至，而是由来已久的事情。早在昭王、穆王统治时期，就已经出现了端倪。昭王南征惨遭失败，作为统帅，昭王本人丢掉了性命；穆王西征犬戎，军事上战果并不大，并造成不佳的政治影响，"自始荒服者不至"(《史记·周本纪》)；共王、懿王、孝王、夷王在位期间，周朝的国势更趋衰微，西北的戎狄和南方的淮夷一直对周王室构成威胁，迫使周王室多次对它们用兵，严重损耗了人力和物力，只是当时周王室内部较为团结，才使得周王室能基本上控制住局势，对犬戎和淮夷的军事行动胜多负少。

厉王继位后，周王室处于来自西北的戎族和来自东南的淮夷族的两面夹击之下，战争形势很不乐观。厉王为了改变这种局面，只好在两个方向上展开军事行动，既打击猃狁的进犯，又征讨淮夷的反叛，弄得劳师动众，国库空虚。同时，厉王还是一位贪婪残暴的君主，任用佞臣荣夷公，搜敛盘剥，实行专制，结果导致国内矛盾激化，引起一场政治风暴——国人暴动，极大地动摇了周王朝的统治基础。宣王继厉王即天子位，他鉴于厉王专制暴虐而被流放的教训，任用方叔、召虎等贤臣，改良政治，以缓解内部矛盾。在此基础上，他加强军事建设，积极对外用兵，先后征伐西北边的西戎、北部的猃狁、南方的荆楚和东南地区的淮夷、徐戎。

经过连年不断的战争，宣王终于暂时击退了周边少数部族咄咄逼人的攻势，使周王朝获得了一个短期喘息的机会，在一定程度上重振了天朝声势，因此，史书上把这称为"宣王中兴"。其实这种"中兴"只不过是表面现象，是西周王朝衰亡前的回光返照，到了宣王晚年，这一"中兴"局面即宣告结束，周宣王在攻打太原戎、条戎、奔戎、姜戎时，都吃了大败仗，"丧南国之师"，使得周军元气大伤，从此一蹶不振。就在周王朝风雨飘摇、朝不保夕的危急关头，愚妄昏庸的周幽王继宣王而登位了。

这位周幽王才干不及其父，暴虐无道却有过之而无不及，这样，西周王朝覆灭的命运就无法挽回了。周幽王是历史上有名的昏君，他继位后，不但没有采取必要的措施减轻民众负担，缓和内部矛盾，反而重用虢石父一类"善谀奸利"的小人充当各级大臣，专门搜刮剥削民众，结果造成"民率流亡"，进一步激化了各种矛盾。与此同时，周王室畿内又遇上地震、旱灾等天祸，更使民众陷于水深火热之中，一度遭到抑制的西北方戎狄族乘机抬头，侵扰周室。周王朝完全滑向了内外交困、四面楚歌的深渊，所以，幽王废嫡立庶犹如向干柴上投了一把火，漫天的大火随即熊熊燃起，镐京之乱就无可避免地发生了。

周幽王玩火自焚，充当了西周王朝的殉葬品。原来，周幽王非常宠爱他的妃子褒姒，竟然色迷心窍，藐视"立嫡不立长"的传统，废掉太子宜臼，改立褒姒所生的儿子伯服为太子，还想将宜臼杀掉，迫使宜臼逃到自己的外祖父申侯那里。幽王一不做二不休，又废黜（罢免）了宜臼的母亲申后，立褒姒为后。

　　幽王废嫡立庶的举动，严重违背了礼制，极大地激化了王室的内部矛盾，成为镐京之乱爆发的导火线。申后是周王朝一个诸侯申侯的女儿，申侯见幽王废了申后和太子宜臼，自己也被从侯爵降为伯爵，私人利益受到损害，决心设法帮外孙夺回王位继承权。可他知道，单凭自己的实力根本做不到这一点，于是将希望寄托在争取外力上。为此，他串通缯侯，共同联合犬戎，企图通过犬戎入侵镐京，扶植宜臼上台，而犬戎正等待这样的机会到来呢。

于是双方一拍即合，发动了对镐京的进攻。幽王十一年（前771），申侯、缯侯联合戎兵大举入侵，矛头直指周统治中心镐京。镐京西北方向没有坚固的防御设施，王室直接统率的主力"西六师"也未进行力战，致使戎兵长驱直入，迅速抵达京郊地区，镐京被围。幽王坐拥愁城（忧愁困苦的境地），只好把解围的希望寄托于众诸侯的勤王部队。按理说，如果各路勤王之师前来援救，镐京解围还是充满希望的，可是周幽王当年"烽火戏诸侯"的恶作剧，此时显示出严重的后果，最终导致周幽王身首异处，宗周社稷覆灭。当年周幽王对褒姒宠爱无比，为了博得褒姒的欢心，曾轻率地玩过"举烽火"的游戏。"烽火"是我国古代军事上使用的一种警报信号，用于通报敌情，征集军队，一旦点燃，凡是驻扎在国都周围的诸侯，都要带人马立即赶来勤王。可见它是国防体系中一种很严肃、很重要的设施。但在幽王这样的荒淫昏乱之君那里，"烽火"却成了一种供宠妃发笑解闷的"玩具"。他不止一次地随意发烽火警报，调动诸侯率兵赶赴京师，惹得褒姒放声大笑，自己也从中得到莫大的快意，导演了一幕幕"烽火戏诸侯"的闹剧，结果播下了日后悲剧的种子。"狼来了"的故事说多了，不会有人再轻易相信，因此，当镐京被围，幽王举烽火真的需要诸侯发兵勤王之时，诸侯却认为这又是天子为王后提供的娱乐消遣，他们都不愿意再受人戏弄，结果谁也不曾派兵勤王。幽王的烽火警报通信系统这时完全失灵了。镐京被围日久，勤王之师到达无期。

幽王孤注一掷，派遣虢石父率兵出城，做试探性攻击，希望侥幸取胜，振奋军心士气。谁知与戎兵接战交锋后，周师即告溃败，虢石父也被乱兵杀死。犬戎和申侯的部队乘胜追击，蜂拥而进，攻入城中。戎兵入城后，大肆野蛮屠杀无辜居民，抢掠财宝，并放火烧毁宫殿和民宅。一座历时二百五十多年的雄伟都城，至此被彻底破坏，化为一片焦土。戎兵入城后，幽王惊慌失措，计无所出。

司徒郑伯友于危急中，指挥所属将士奋勇力战，乘夜保护幽王、王后突围而出。到达骊山后令举骊山烽火，烽火台虽烟冲云霄，但仍然没有一路诸侯之师前来救援，不得已只好继续仓皇东撤，但是终因行动迟缓，为犬戎兵追及，陷于重重包围。郑伯友率部左冲右突，未能突围成功，死于乱箭之下，幽王本人被戎兵捕杀于骊山脚下的戏水（在陕西临潼东）之畔，王后褒姒被俘，西周王朝遂告灭亡。等到镐京失陷，幽王被杀的消息传来，诸侯们才明白这一回举烽火已不再是游戏，于是纷纷组织勤王之师，其中卫、晋、郑、秦诸国部队成为勤王联军中的主力，他们开抵镐京城下，对戎兵发起反击。经过激烈残酷的战斗，勤王联军终于击败戎兵，将其驱逐出城，收复了饱受兵燹（因战乱而遭受焚烧破坏的灾祸。燹，xiǎn）之祸的镐京。

至此，镐京之战终于画上了句号。镐京收复之后，一直在申国避难的原太子宜臼被立为国君，史称平王。由于镐京已被摧毁，一片荒凉，无法立足，平王只好在晋文侯、郑武公、卫共伯、秦襄公等的武装保护下，辗转将都城东迁到洛邑，这一年是公元前770年。从此，历史进入了东周时期，周王朝渐渐丧失了驾驭、控制四方诸侯的力量。"礼乐征伐自天子出"一变而为"自诸侯出""自大夫出"，大动荡的岁月来临了。

镐京之战的爆发和西周王朝的灭亡不是偶然的，首先是长期以来西周各种社会矛盾的一次总爆发，是连绵不断民族冲突的最大限度激化。"冰冻三尺，非一日之寒"。正是由于西周统治集团未能从根本上妥善处理内部关系，巧妙化解外来压力，才使得一俟时机成熟，内外一并猝然发难，造成无可挽回的悲剧。至于幽王废嫡立庶之举，无非是诱发事变的一个契机而已。

其次，从军事角度考察，其主要原因：一是没有加强西北方向的防御，以做京师屏障，加之有申侯、缯侯部队作为内应，致使犬戎长驱直入；二是作为周天子基本武装力量的"西六师"，受政治腐败的影响，丧失了战斗力，仓促应战，一触即溃，可见政治腐败必然导致军队腐败，而腐败就意味着灭亡，这是一条铁的历史规律；三是幽王把调兵遣将的烽火，作为取悦于宠妃的儿戏，失去了在紧急情况下调集军事力量的基本手段，最后自食其果。

西周行宗法制

了解宗法制度是理解西周、春秋战国，乃至整个中国封建社会的一把钥匙。西周王朝在政治和社会结构上所实行的基本制度是宗法制。

宗法制度是在原始社会末期父权家长制的基础上不断扩大和发展起来的，由它构成了奴隶主贵族的等级阶梯，形成了我国奴隶社会的基本政治制度。

到西周时期，这一制度得到充分发展，达到完备的程度。依据宗法制度的组织形式，周王既是普天之下的最高统治者，又是全体姬姓宗族的"大宗"，即最大的族长。他既代表社稷，又主持宗庙的祭祀，掌握全国最高的政权和族权。

天子的宗庙祭祀自始祖以来的历代祖先，是全国规模最大、地位最高的祭祀祖先的场所，称为"太庙"。历代祖先，以始祖为中心，按昭穆排列。昭为左，穆为右，始祖居中。第一代为始祖，第二代为昭，第三代为穆，第四代为昭，第五代为穆，以此类推，都有一定的地位。

只有天子才有这种祭祀列祖列宗的特权。历代的周天子都由长子继承，世代保持天下"大宗"的地位。其他诸子有的受封为诸侯，有的在王畿内分得采邑（古代国君封赐给卿大夫作为世禄的田邑），在王室担任官尹，称为别子（古代指天子、诸侯的嫡长子以外的儿子），他们分别在自己的封地内建立宗庙和相应的政权机构，分成若干新的别宗，各有自己的"氏"号。受封的别子成为这些别宗的始祖，他们的封地和爵位也由嫡长子继承，成为别宗的宗子（指大宗的嫡长子，又指族长和皇族子弟）。这些别宗的宗子，对周天子而言，他们是"小宗"。而在自己的宗族内，则为族长，就是"大宗"。在诸侯国内，国君又分封自己的兄弟以采邑，建立卿大夫之家。这些卿大夫在自己的封邑内立有家庙，统率自己的家族，对国君而言，他们又是诸侯国内的"小宗"。

卿大夫以下，还可分出他们的亲属，建立各自的父权家长制家庭。这种家庭多有一定的田地，家长就是士。所有的士都要遵奉所属家族的卿大夫为宗子。士以下，就是各级宗子的比较疏远的宗族成员，他们就成了一般的平民。这种层层相属的宗法关系，使族权和政权合而为一。

于是，"天子建国，诸侯立家，卿置侧室（官名），大夫有贰宗（官名，大夫之庶弟任之），士有隶子弟，庶人工商各有分亲，皆有等衰（děng cuī，等次）。"（《左传》桓公二年）周朝奴隶主贵族的等级制度，就是依据这种宗法关系确立的。"天子"以下的各级贵族都处于不同的等级阶梯上，有着不同的政治地位和经济特权，这样就形成了奴隶制国家的体制。至于在士以下的"隶子弟"和"庶人工商"，这些平民劳动者，或称之为"国人"，一方面要通过各自的"分亲"关系，与所属宗主确立比较固定的隶属关系；另一方面又要依据他们自己的亲属关系，以确定最基层的劳动组织。

这些"国人"，是周人的基本力量。由于国家和宗法关系紧密联系在一起，各级贵族必须十分重视这种宗法关系，遵奉他们共同的祖先，树立牢固的"尊祖"观念。而直接继承祖宗的事业，代表全族最大利益的，就是周王室这个全国最大的"大宗"和周王这个地位最高的"宗子"。所谓"大宗维翰""宗子维城（连城以卫国）"，各级"小宗"都必须团结在周王周围，对周王无限地崇敬，这就是"敬宗"。等而下之，其他各级宗族成员，都要以各级"宗子"为核心，表示"尊祖"和"敬宗"。

因此，"尊祖"和"敬宗"，就成了维护宗法制度的基本信条。以周王为首的姬姓贵族，在整个奴隶主贵族阶级中占据首要地位，所谓"周之宗盟，异姓为后"。但这并不排斥异姓贵族。一方面，宗法制度的原则，通行于所有姬姓贵族；同时，在姬姓贵族和异姓贵族之间，还要通过姻亲关系，结成亲戚之国，以加强联系。"昔挚、畴之国也由大任，杞、缯由大姒，齐、许、申、吕由大姜，陈由大姬，是皆能内。利亲亲者也。"同时，周朝贵族也懂得"男女同姓，其生不蕃（通"繁"，盛）"，即同姓近亲婚姻不利于后代的道理。

因此，周天子常称同姓诸侯为伯父、叔父，称异姓诸侯为伯舅、叔舅，就是这个原因。这种甥舅关系，是对宗法关系的补充，也是宗法制度的一个组成部分。依据宗法制度的嫡庶、长幼、亲疏等项关系，确定了周朝贵族的贵贱、大小、上下各种等级区别。这些等级区别，形成为奴隶制的各种名分。"夫名以制义，义以出礼，礼以体政，政以正名。"就是说，按照名分，确立伦理规范和行为准则；依据这些规范和准则，制定有关社会政治的礼法制度。为了保证这些礼法制度的实施，必须依靠政令刑罚等强制手段。

所以，后来的孔子极力主张"正名"，要从确定名分入手，以求得社会政治的稳定。

周初大分封

西周初年，在消灭商朝以后，为统治东方广阔的被征服地区，曾经大规模封亲戚为诸侯，作为王室的屏藩（屏风和藩篱，比喻四周的疆土或防御设施），即"封邦建国"。这种"封邦建国"，实际上是一种较为原始的部落殖民。

相传，周武王、周公、成王等曾先后建置了七十一个诸侯国。其中，武王的兄弟十五人（一说十六人），同姓四十人。周王的子弟一般都得到了封地，立的大小诸侯，如文王的弟弟封于东虢、西虢，文王之子封于管、蔡、郕（chéng，在今河南省范县一带）、鲁、卫、毛、聃（dān）、郜（gào，在今中国山东省成武县东南）、雍、曹、滕、毕、原、酆（fēng，在今西安市鄠邑区北）、郇（xún，在今山西省临猗县西南）；武王之子封于邢、晋、应、韩；周公之子封于凡、蒋、邢、茅、胙（zuò）、祭等。

异姓贵族中以姜姓贵族居多，也有其他各姓的传统贵族。在周康王以后，仍陆续分封诸侯，如周厉王的儿子在周宣王的时候还受封于郑国。每个诸侯国，都是按照成周的模型而建立的统治被征服民族的据点，又起着拱卫周王的作用。通过分封诸侯，周朝不但强化了对原来商朝管辖地区的统治，而且不断扩大自身势力和影响，成为远远超过商朝的一个强盛的奴隶制国家。

在周朝分封的各诸侯国中，比较重要的有卫、鲁、齐、燕、宋、吴等。周成王把武王的弟弟康叔分封在原商王所在的殷都旧地，以朝歌为中心，划定武父（约在今河南、河北两省交界）以南，圃田（今河南郑州东）以北为卫国封地，并分到殷代遗民七族：陶氏、施氏、繁氏、锜（qí）氏、樊氏、饥氏、终葵氏，作为卫国的种族奴隶。康叔的权势也很重，他既统治着原商朝的中心地区，又兼任周王室的司寇，握有生杀大权。周公在分封时对康叔说，如果殷民反抗，就要严厉镇压。在殷墟东南不远的河南浚（xùn）县，曾发现西周时代的卫国墓地，出土过有"康侯"铭文的青铜器，有一件簋的铭文正好记载了康叔封卫的事迹。

鲁国是周公长子伯禽的封地，这里原来是奄国（今山东曲阜）所在，是周公东征的主要对象之一，它和徐人联合淮夷和其他邦国，曾形成声势浩大的反周势力。因此，周朝统治者对这一地区十分重视。

周公平定叛乱之后，便由自己受封，而由长子伯禽前往，因"商、奄之民"，在"少皞之墟（指曲阜。皞，hào）"建立鲁国。鲁国的封疆北及泰山之下，东过龟、蒙，南包凫（fú）、峄诸山，附近的若干小国都是它的附庸。鲁受封时，又分有"祝、宗、卜、史，备物典策，官司彝器（古代宗庙常用的青铜祭器的总称）"，具备周王室的各种文物制度。所谓"大启尔宇，为周室辅"，成为代表周王室镇抚徐、奄、淮夷以及僻远"海邦"的东方大国。鲁也分到殷民六族：徐氏、条氏、萧氏、索氏、长勺氏、尾勺氏。伯禽到封地后，对徐夷、淮夷继续用兵，巩固了周朝在东方的统治。

周成王把师尚父封为齐侯，统治薄姑氏（今山东博兴一带）的土地和人民，都于营丘（今山东临淄北）。师尚父即吕尚，姜姓，就是著名的太公望，民间习称之为姜太公。他是一位智勇双全的将领，在灭商和东征中立下大功，所以封地相当大。周公在东征时，命召公授权给师尚父，说："东至海（今黄海），西至河（黄河），南至穆陵（今山东沂水北），北至无棣（今山东无棣北。棣，dì），五侯九伯，实得征之。"齐国附近有不少东夷小国，先后被齐国所灭，因而齐国成为周朝的东方大国。

鲁、齐、卫三国，分别统治着武庚发动叛乱的地区，是周朝控制东方的重要支柱。在卫国之西，还有晋国。这一带（河东地区，即今山西中南部）是防御北方群翟部落内侵的前哨，为强化对这一带的镇守，周成王在攻灭唐国之后，将这片地区封给自己的弟弟唐叔虞，建立晋国（今山西翼城西），赏赐给他怀姓九宗和五正官职。

怀姓九宗原本是商朝的种族奴隶，如今换了主人，成为晋国的种族奴隶。晋国附近有许多戎狄部落，先后被晋国消灭，所以晋国成了那一带的大国。在卫国以北有燕国。燕国的始封人是召公奭（shì）的长子。召公奭是周王朝的同姓贵族，有的记载说他是周文王的庶子。燕国是周朝较北的一个同姓诸侯，其统治区域延伸到遥远的地方。

燕建都于蓟（今北京市）。在辽宁省的喀左曾发现大批的西周青铜器，其中有燕侯盂，说明当时燕国的势力已经到达这一地区。燕国同鲁、齐、卫、晋等遥相呼应，互成掎角之势（比喻分出兵力，造成牵制敌人或互相支援的形势。掎，jǐ），这应当是周朝有意安排的。由于燕国同周朝其他诸侯相距较远，长时间较独立地存在于北方，以致最早几代燕侯的名号我们已经弄不清楚了。但从出土的大批燕国遗物看，当时的燕国对我国北方文化的发展无疑做出了巨大贡献。

燕国之东有孤竹（今河北卢龙南），是商朝的同姓国。燕国的东北方是肃慎族，肃慎族那时散布在松花江直到黑龙江流域的广大地区，很早就和周朝建立了联系，曾向周武王贡献楛（ruò）矢、石磐等。周公东征胜利后，肃慎遣人来贺，成王以礼答谢，使荣伯作《贿肃慎之命》，可见肃慎族是周朝的远方属国。在周朝的东南方，最大的是宋国，由商朝原来的贵族微子启受封而建立，都商丘（今河南商丘），统治着商朝早期活动的地区。

在武王克商的时候，微子启自缚衔璧，让族人抬着棺木，向周军乞降，后来他也没有参加武庚的叛乱活动，因而武庚被杀之后，他作为商朝的后裔受封于宋国。宋国靠近徐夷、淮夷，是周朝东南的屏障。在宋国的周围，周朝还分封了一些异姓小国，如姒姓的杞（今河南杞县），妫（guī）姓的陈（今河南淮阳）。另外，蔡叔的儿子蔡仲也受封于蔡（今河南上蔡西南），同宋、陈等一起守卫着周朝的东南方。

与这些诸侯国对立的主要是徐夷和淮夷，主要有嬴姓的徐（今江苏泗洪南）、江（今河南正阳南）、黄（今河南潢川西），偃姓的英（今安徽金寨东南）、六（今安徽六安北）和巢湖沿岸的群舒（舒庸、舒廖、舒龚、舒鸠）等方国部落。他们大都曾跟随武庚叛周，以后时服时叛，是周初用兵的主要对象。

其他一些姬姓同姓诸侯的地望主要是：管在今河南郑州、霍在今山西霍县、毛在今河南宜阳境内、郜在今山东城武东南、雍在今河南沁阳东北、曹在今山东定陶、滕在今山东滕州市，毕、原在今河南武陟、温县境等。周朝在东南方最远的同姓诸侯国是吴（今江苏无锡东南）。传说吴国是季历的哥哥太伯、仲雍率领一部分周人跑到那里，和当地居民融合而建立的。

太伯和族人接受了当地居民"断发文身"的习俗，同时还把周人传统的耕作、筑城等技术带到那里，加速了我国东南地区的开发。除了在黄河流域建立封国之外，周朝很早就向南方的江汉地区发展势力。如江汉一带的庸、卢、彭、濮等方国部落都曾随武王伐纣。灭商之后，周朝沿汉水北岸分封了许多同姓诸侯，称为"汉阳诸姬"，其中最大的是随国和曾国。但后来，楚国的兴起阻止了周人势力的南下。在西周鼎盛时期，周王对诸侯拥有很大的权威。

各封国的诸侯要定期朝见周王，报告封国内的情况，听取周王及其辅佐大臣的命令，如果临时发生重大变故，还要及时向周王报告；他们都必须向周王贡献本封国的土特产和周王所需要的东西；他们有保卫王室的义务，包括为周王提供作战军队；对周王的死丧、嫁娶、巡游，他们也要尽特定的义务。如果他们不履行自己的义务或超越周王赋予他们的特权，周王可以收回或削减他们的爵禄，可以改变他们的封地和爵禄，可以废除他们而另立国君，甚至灭掉他们。如康王时，晋侯建造的宫殿过于宏美，就受到了周王的谴责。

共王曾灭掉封在密须故地的密国。夷王曾朝会诸侯，烹死齐哀公。周王有时还向诸侯的封国派遣监国使臣，与诸侯并称为"诸侯，诸监"。诸侯在自己的封国内拥有土地和奴隶，掌握政治、经济和军事权力。他们不仅能聚族立宗，分封卿大夫，组成强有力的宗族政治集团，而且还仿照王室的官僚制度和组织，设置百官有司，统治奴隶和平民。他们可以在自己的封地内修建城池，征集军队，成为相对独立的政权。卿大夫在其封地内，对诸侯的关系也是这样。

这便是西周的基本政治格局。

井田制

井田制，是西周奴隶制国家的经济基础，和宗法制紧密相连，是周时期的另一项重要社会制度。周天子在名义上是全国土地和人民的最高主宰者，所谓"普天之下，莫非王土；率土之滨，莫非王臣"。

周天子以天下宗主的身份，将土地和依附在土地上的人民分封给新旧诸侯。诸侯国的国君在封地内又有最高权力，这又形成了"封略之内，何非君土；食土之毛，谁非君臣"的局面。事实上，这泛指一般的土地和所有有臣属关系的人民，主要是相对于政治上的统辖关系而言的。

在诸侯国的统辖范围内，再将部分可耕地建立采邑，分封给卿大夫，形成卿大夫之家。各卿大夫之家，再将所属范围内的土地分封给士。这样，各级贵族各自成为所受分地的实际占有者，他们世代相承，形成层层相属、大小不等、较为稳定的奴隶制经济单位。受生产力发展水平的限制，周代的垦田（开荒耕地）是极其有限的，主要集中在一些都邑的周围，特别是王都和诸侯国的近郊，即所谓"国中"，比较好的熟田（常年耕种的田地）大都集中在这里。"信彼南山，维禹甸（治理）之。畇畇（yún yún，形容田地平均整齐)原隰(xí, 新开垦的田), 曾孙田之。我疆我理, 南东其亩。"这就是指镐京郊外终南山下的辽阔田野里, 由王室主持开垦的大片良田的情景。这些良田, 都经过精心的疆理(治理), 按正南北和正东西的方向, 有纵横交错的大小道路和灌溉沟渠, 整治成十分方正的大小相连的方块田, 这就是标准的井田。井田的疆理, 一般是以每块 100 亩(约合今 31 亩多)为一个耕作单位, 称为一田; 纵横相连的九田合为一井, 面积约为一平方米; 十井称为一成; 百井称为一同。也有以一田为一夫, 十夫为一井, 再以百夫、千夫来作为大田计算单位的。

《左传》成公二年说: "先王疆理天下, 物土之宜而布其利。"就是说, 关于田地的疆理, 一定要考察土宜, 使能充分发挥地利, 而不能拘泥于一定的格式。如对郊外荒芜的土地或开垦不久的田地, 应当按照土地的贫瘠和整治程度, 进行合理的休耕轮作, 就是所谓的"三年一换主易居"。因此, 对这类土地还要实行定期分配。

耕作井田的农夫, 被笼统地称为"庶人"或"庶民", 他们一般从事大规模的集体耕作。《诗经·周颂·噫嘻》一诗中说, "噫嘻(古汉语叹词, 表示悲哀或叹息)成王, 溉昭假(gé)尔。率时(通"是", 此)农夫, 播厥(播种)百谷。骏(jùn, 通"畯", 田官)发尔私, 终三十里。亦服(配合)尔耕, 十千维耦。"这描写了在成王的号令之下, 由百官督促着成千上万的"农夫", 疾速地挥动农具"耦耕(二人并耕, 后亦泛指农事或务农。耦, ǒu)", 大片田地很快被播种完毕的情景。在耕作时, "田畯"一类的头目负责监督管理, 各级贵族也经常到田间亲自指挥。属于那些卿大夫之家的采邑, 规模自然比王室或公室的"国中"要小得多, 为卿大夫所有的"庶民"，其家室也大都集中在那些"公子"的采邑里。

那些"庶民"长年在田里劳作，饭食要由妻儿送到田里，自己则歇息在田间的"芦"（临时搭的茅草窝棚）里，直到秋收完毕，他们才能回到自己矮小破烂的家里，与妻儿一同过冬。在过冬时，他们还要为"公子"田猎，剥制兽皮，酿造春酒，收藏冰块以及从事其他各种劳役。他们的妻女也要为"公子"采桑、养蚕、织帛、缝制衣裳等。每年年终，当他们的"公子"祭奠神主时，把他们都召集到"公堂"里去，由他们高呼"万寿无疆"以后，才赏赐给他们一觞（shāng，古代酒器）春酒，以示对他们的慰劳。这就是当时的庶民百姓在"井田"制下的生活。

在井田制下，卿大夫以下的贵族所分得的田地，不经王室或公室的特许，是不得随意转让买卖的，这就是"田里不鬻（yù，卖）"，因而称之为"公田"。西周中晚期以后，在"公田"之外，贵族们又往往驱迫庶民或奴隶开垦荒地，增加额外的田地；有时，王室也常将一些未垦辟的荒地或山林随意赏赐给下级贵族。这些田地不属于"公田"，不征贡税，实际承认它们为私有，称为"私田"。

伯夷叔齐不食周粟

在孤竹国，有个国君，伯夷和叔齐是他的儿子。孤竹国君年老，想立叔齐为太子，以便将来继承王位。但未来得及立，孤竹国君便去世了。父亲死后，叔齐想把君位让给哥哥伯夷。伯夷不答应，说："这是父亲的遗命，我怎么能违背呢？"于是就逃走了。叔齐见伯夷逃走了，他自己也不肯当国君，也逃离了孤竹国。伯夷、叔齐逃走后，孤竹国的国人便立孤竹国君的中子为君。

伯夷和叔齐逃离孤竹国后，没有地方可去，后来听说西伯（周文王）善待老人，国中老人无不得到很好的照顾，兄弟二人便决定到周去。可不巧的是，等他们赶到周境时，周文王已经去世了，周武王继位，发动了灭商战争。周武王用车子载着西伯的灵牌，号称为了周文王，向东进军，去攻打殷纣王。

伯夷和叔齐不支持周武王的行动。二人在路上拦住周武王，劝周武王说："父亲去世了不去埋葬，反而大动干戈，这种行为能叫孝吗？纣王是君你是臣，你却要以臣子的身份去干杀害君主的事情，这能叫做仁吗？"周武王身边的人见伯夷、叔齐这个样子，拔出刀来想砍他们，姜尚从旁边拦住说："这二位是仁义之人，不得无礼！"命人将他们架到路边，率大军继续前进。周武王消灭殷朝，平定东方之后，天下皆入周朝的版图，四方诸侯都到周朝来朝见。

伯夷和叔齐却为周武王的行为感到羞耻，发誓永远不吃周朝土地上长的粮食，他们一起跑到首阳山（今山西南部）隐居起来，每天在山里挖野菜吃，不久就饿死了。临死之前，他们唱了一首歌，歌词是："登彼西山兮，采其薇矣。以暴易（治）暴兮，不知其非矣。神农、虞、夏，忽焉没兮，我安适归矣。于嗟徂（cú，死）兮，命之衰矣。"司马迁在《史记》中对这个哀伤的故事做了记载，并评论道："有人说，天道无亲；常与善人。像伯夷、叔齐，可以称之为善人了，难道不是吗？积累仁德、洁身自好如此而饿死！而且，孔子门下贤人七十，孔子只以颜渊为好学。但颜渊箪（dān，古代盛饭的圆竹器）瓢屡空，糟糠不厌，而又早死。上天之报施善人又怎么样呢？盗跖每日滥杀无辜，吃人肉，喝人血，暴戾无比，聚党数千人，横行天下，竟得以寿终。这又是靠了什么好德行而获得好结果？这只是较为有名的例子罢了。如果说起近年的事，有人操行不轨，专犯忌讳，却一辈子富贵安乐，累世不绝。有人行不妄动，到合适的时候才说话，不公平正直便不为，却遭遇灾祸，这样的例子不可胜数。我真感到疑惑。这样的天道，是对呢，还是错呢？"

太公故里

西周著名的政治家、军事家姜尚，《竹书纪年·帝系名号归一图》又称他为师尚父、太公望、齐大公、吕尚、威丈人、吕牙、吕望、吕消、子牙。他高超的组织才能和军事指挥艺术，连孙武也佩服得五体投地。《孙子兵法·用间》说："昔周之兴也，吕牙在殷。"意思是说周的兴盛强大，正是吕牙辅佐的结果。他协助武王伐纣，出色地指挥了中国历史上空前规模的牧野大战，毛泽东同志肯定这场战争为当时的"人民解放战争"（见《别了，司徒雷登》）。关于姜尚的身世、遭遇、武功，先秦古籍中有很多记载，但大多扑朔迷离，让人难辨是非。

屈原在《天问》里就提出了"师望在肆昌何识"的疑问。比如，他究竟是哪里人呢？《史记·齐太公世家》说他是"东海上人"，《吕氏春秋》说他是"东夷之士"，《战国策》说他是"齐之逐夫"（被驱赶之男子），真是越说越让人感到糊涂。1983 年 9 月，中国人民对外友协的同志陪同日本东京一个杂志社的外宾，专程到河南汲县访问太公故里。因为已故日本作家幸田露伴写了一本书，说"汲县是太公的故乡"。关于姜太公是"汲县人"的说法，最先提出来的是汉代会稽（kuài jī）太守杜宣和河内邢汲县令崔瑗（yuàn）。

《水经注》载："汲城东门北侧有太公庙，庙前有碑云，县民故会稽人守杜宣、县令崔瑗曰太公本生于汲，旧居犹存。"其次，《汲冢书》中也有太公为"魏之汲邑人"的记载。战国时，汲县属魏汲邑。根据《晋书·束晳传》记载，西晋太康二年（或言咸宁五年），汲郡人不准（fǒu biāo）在城西南十五里汲城村盗发魏襄王墓（或言魏安釐〔xǐ〕王墓），得竹书数十车，皆漆书蝌蚪字，记载的是黄帝终到魏襄王二十年（前 299）间的史事，是襄王未卒之时，魏国史臣纂录古志及其国书，供襄王检阅而传世的，所以被称为魏国的《史记》。这些竹简书，世传为《汲冢书》。

司马迁写《史记》在公元前 104 年，《汲冢书》出土在 281 年。已经埋藏了五六百年的《汲冢书》中载有太公为"魏之汲邑人"之说，当较司马迁之"东海上人"之说早了近二百年。因此，《汲冢书》出土的第九年，即太康十年（289），汲令卢无忌立碑铭录了"齐太公吕望者，此县人也"一说，详细情况见《金石萃编》卷二十五《齐太公吕望表》。此碑原置于汲县太公庙内，现碑刻已毁，仅存拓片（指将碑文石刻、青铜器等文物的形状及其上面的文字、图案拓下来的纸片。拓，tà）可以佐证。

到了宋代，著名学者罗泌在其著作《路史·发挥》中说："太公望河内汲人也。"（当时汲县属河内郡），清代经学大师武亿在《金石三跋》中，对太公的桑梓故里也断言："则汲固其邑里，海曲乃流寓耳。"《卫辉府志》卷二十七云："周太公望吕尚汲人。"其他，《汲县志》和《汲县今志》均有相似的记述。历史上，可能一些人混淆了太公的故里和游寓，才造成了误差。

《战国策·秦策五》里的姚贾，说太公是"齐之逐夫，朝歌之废屠……棘津之雠（chóu）不庸"。意思是说，太公事文王之前，曾经是被商朝战败的一个部落的首领，是朝歌无用的屠夫，棘津（今河南省延津县东北）人，得不到任用。"棘津"，《读史方舆纪要》载："在汲县南七里。"太公不被殷商所用，他只好去宰牛，给人家当伙计，当他听到西伯的政德以后，便高兴地"辞棘津，西入渭，其亦知文王之所以兴矣"（《路史·太公舟人说》）。太公离开自己的故乡，西至陕西渭水渔钓，在渭水边，与西伯文王一见如故，后为文王所用。《考订竹书纪年·殷商纪》说："（文王）三十一年，西伯治兵于毕，得吕尚以为师。"

有鉴于此，所以司马迁在写《史记·齐太公世家》时，以历史的科学态度，不囿（局限）于自己一说，而是博采众闻，指出了几种可能性，在文内特别加了两段"或曰"的话："或曰：吕尚处士，隐海滨。"或曰："太公博闻，尝事纣，纣无道去之，游说诸侯无所遇，而卒西归周西伯。"这些话，与《孟子·离娄》《尚书·大传》二书中所云：太公是为了避纣而"迁居"东海的说法颇为一致，所谓太公是"东海上人"，显然，那是太公流寓到东海上了。很可能汲县才是他的真正故乡，汲县至今尚有太公庙、太公祠、太公阁和太公故里吕村。另有东汉崔瑗《太公庙碑》、西晋卢无忌《齐太公吕望表》碑，北魏武定年间穆于容《重修太公庙碑》等文物，这些碑刻均有"太公汲邑人"的记述。

可是，历史上一些著名学者并不苟同这个说法，元好问的弟子、元朝著名的政治家、文学家王恽（号秋涧。恽，yùn），在《秋涧先生大全集》中指出，太公为汲县之冠冕，"不免流于附会而已"。显然，王恽不同意汲县是太公故里的说法。清朝著名考据家阎苦璩（qú）在所著的《四书释地续》中也称："太公吕望所出今有东吕乡。"《博物志·注》与阎氏之说吻合："海曲县（今山东省日照市东港区大古城）有东吕乡东吕里，太公望所出也。"吕，即莒（jǔ），今为山东沂州之地。《太平寰宇记》二十三卷《沂州》中说："预临沂、沂水、费县、承县、新泰，东西三百里，南北三百七十五里。"所涉史志，均无太公的记述。

然而，从国内的相关文献看，人们查不到任何有关王恽和阎苦璩所用论据的线索。因此，"海曲"之说（"东吕乡"之说）遭到了清朝著名学者武亿的批驳。武亿在《金石三跋》金石一跋卷之第三《晋卢无忌建太公表》中进一步阐述："考之《四书释地》，以后汉琅琊国海曲县刘昭引《博物记》云，太公望所出，今有东吕乡，又钓于棘津，其浦今存。则当日太公避纣居东海之滨即是其家，汉崔瑗、晋卢无忌立齐太公碑以为汲县人者误。余谓不然，《水经注》言县民故会稽太守杜宣、白令崔瑗曰，太公生于汲，旧居犹存，杜宣所征去古未远，当得其实，而太公既居是土，迫近朝歌之墟，不堪其困，然后避居于东，则汲固其邑里，海曲乃流寓（寄居之地）耳。碑溯其始，而阎氏所著《四书释地续》辄泯为误，不亦甚欤（yú）！"

所以，《孟子·尽心》说："伯夷避纣居北海之滨……太公避纣居东海之滨"，说明东海之地是太公避纣的"游寓"。汲县究竟是不是太公的故乡？有待进一步考证。

《诗经》成书

《诗经》总体上看，它们代表着从周初（前1066）武王克殷到周灵王二年（前570），整整五百多年的漫长时代，是我国最早的一部诗歌总集。其具体年月很难确知，就其动态过程来说，《诗经》中最早的作品是宗教性的颂诗，以周颂为代表。颂诗在形态上还没有脱离歌词、音乐和跳舞的混合形式，在功能上则执行着宗教的使命。周颂的年代正是武、成、康、昭的西周盛世，即前1046年到前995年之间。最早的如《清庙》《维清》等篇成于武王时期，最晚的如《执竞》则为昭王时所作，前后持续一百多年。

从内容上看，有向上帝祈谷和祭神、酬神的乐歌，也有从事社祭的乐歌，还有对祖先表示敬畏和赞美的乐歌。它们既表现了人对自然的崇拜，也体现了君主政治与父权制度加强后尊祖敬天宗教观念的发展。

从性质上看，周颂是有戏曲因素的诗歌，跳舞占有很重要的成分。颂诗演进到一定程度，继而是宫廷乐歌大雅，诗歌从宗庙祭司的手上转移到了公卿士大夫的口中。大雅是周民族的历史，亦是中华民族最早的四言史诗，内容上记载的虽是武王以前周先祖的事情，但其作为宫廷诗歌，产生却在颂诗以后。

《生民》叙述后稷的诞生、成长和长大。后稷的母亲姜嫄踩了路上巨大的脚印，怀孕生下后稷，觉得不祥，便将他扔到狭窄的小路上，可牛羊见到他都绕开走；又将他扔到茂密的森林里，因为有人伐树又没扔成；再将他扔到寒冰上，有许多鸟用翅膀遮盖他，母狼用乳汁喂养他。姜嫄以为他是神物，便带回家抚养。后稷经过许多苦难之后，终于长大了，他擅长种植，并创造了稼穑之法，定居于邰。

《公刘》叙述后稷的曾孙率领周人移居到豳（bīn，在今中国陕西省旬邑县西南）的故事。《绵》叙述古公亶父又将周人迁移到岐山脚下的故事。《皇矣》叙述文王伐密伐崇的战争。《大明》叙述文王结婚生下武王以及武王伐商的故事，文章有声有色，词情并茂。随着西周的建立，社会进入相对稳定而且井井有条的时代，史诗随部落生活的终结而成为陈迹，接下来便是对平静的以农业生产为主的封建庄园和对贵族、领主乃至王室的徭役不公的描写，这都出现在小雅中，时间大致为穆王（前976）到宣王（前827）之间。

《楚茨（cí）》《信南山》《甫田》《大田》等把封建庄园的农事生活写得生动逼真；《鹿鸣》《鱼丽》等专写贵族宴飨（古代帝王饮宴群臣、国宾。飨，xiǎng）宾客的情况；《四牡》《采薇》等则表达了中下层士人对于王室或贵族的不满。由于诸侯间的战争，小国破灭而新兴的都市相继出现。农村由劳役地租转变为实物地租，由农奴制走向佃农制。

十五国风兴起了，时间约在平王东迁（前770）到灵王即位（前571）之间。国风表现的是各国的风土、人情、农事、战争、婚丧嫁娶、男欢女爱、邻里争斗等，呈现的是社会百态。国风的兴起，以其新鲜的内容和真挚的情感横扫诗坛，成为诗歌的主流。这就是《诗经》中诗歌产生的过程。

现实生活中产生的诗歌是逐渐被结集成书的。孔子生前汇总的《诗》，大致有两种形成途径：其一，颂诗的大部分和雅诗的一部分，是朝廷司乐太师有意保存下来以方便使用的；其二，雅诗中的另一部分和风诗的全部，是朝廷命太师通过"行人"采集并书写成文的。朝廷命人采集民间诗歌的目的无外乎两点：或是借诗歌内容来观民风、知得失，以补察（补过误、察得失）其政；或是借民间新鲜生动的音乐来充实王室乐章。如此汇集起来的诗歌是大量而芜杂的，但也不乏极精彩的上乘之作。

春秋年间，诸侯间关系日益复杂，战事频繁，朝聘宴飨更为重要。一些士大夫或为了说动人主，或为了折服敌国，也有目的地从各种诗歌中学习语言，以补救其政论或外交辞令上的贫乏。那些言简意赅（完备），表现力丰富且经常被人们运用的诗歌，便大浪淘沙般地被精心选择出来，作为自我学习或教授子弟以训练口才的课本。

所谓"不学诗，无以言"，所谓"小子何莫学夫诗，诗可以兴，可以群，可以观，可以怨，迩（ěr，近）之事父，远之事君，多识鸟兽草木之名"，就是雏形《诗》逐渐脱颖而出并结集成册的基本原因。由于当时的公卿大夫士学《诗》的目的，只是为了在政治或学术辩论中作为述古、论理、暗示、譬喻的工具，因而他们对于诗歌内容的引用，大多是断章取义。

如晋国的赵孟到郑国，郑侯设宴招待他，郑大夫子皮即席赋《野有死麕（jūn）》末句。《野有死麕》本是描写男女幽会的，但这里却用来暗示晋国不要侵郑国边境。这种不顾诗歌原意，滥用甚至曲解诗歌的状况，引发了孔子的担忧。为了正本清源，也为了用好的教本来教育和训练学生，孔子对雏形的《诗》做了严格的整理、审订和删削。在《论语》中，孔子自称"吾自卫反鲁，雅颂各得其所"。孔子自卫返鲁那年是周元王二年（前474），那时他已经68岁了。孔子删诗的宗旨是"温柔敦厚"，一切归于"思无邪"。本来孔子是十分厌恶民间诗歌，即十五国风的。齐人赠送女乐，由于演奏的不是雅乐，孔子愤而离去，并说"恶紫之夺朱，恶郑声之乱雅乐也"。但是他在最后删定《诗》时，还是保留了大量民间诗歌，并不得不将它们放在首位，这是因为十五国风不仅在民间受到喜爱，而且战胜雅乐，备受上层统治者青睐。有人为梁惠王演奏雅乐，梁惠王勃然大怒说："寡人非好先王之乐，直好世俗之乐耳。"宫廷乐官不得不把雅乐与世俗之乐（民歌）同时保存起来。因为世俗之乐要经常演奏，而雅乐只在迎神或社祭时才用到，反而把它放在最前面，形成了风雅颂的编订顺序。

孔子个人无法改变全民族从上到下的欣赏习惯，只能从俗。就孔子本人来说，其内心也有对国风无法割舍的隐衷（内心深处难以对人说的或不愿告诉人的苦衷）。他虽然不喜欢世俗之乐的俗，但国风中所写的庄园生活却是他的理想世界。"暮春者，春服既成，冠者五、六人，童子六、七人，浴乎沂，风乎舞雩（舞雩：台名，是鲁国求雨的坛，在今曲阜市东。古代为求雨而举行的一种祭祀。雩，yú），咏而归"（《论语·先进》），这种生活在孔子晚年是越来越难见到了。他向往周人往昔的岁月，只有在国风中寻找其已消逝的影子，因而，他虽然在音乐上"放郑声"。但对于诗歌，他却说"诗三百，一言以蔽之曰：思无邪"，并仍旧将国风放在自己删定后的《诗》的最前面。

上述就是中国古代诗歌从宗教走向宫廷再走向民间的过程，也是对《诗》结集成书为什么呈现为先国风，次雅乐，后颂诗的基本形态的阐述。

西周青铜

西周青铜器是指西周时期铸造的青铜器，是中国早期重要的历史文物，同时也是珍贵的艺术品，如出土器物和传世藏品，主要包括青铜礼器、乐器、兵器、工具和其他日用杂器等。

西周是中国古代铜器发展的重要时期。在此期间，青铜冶铸技术继续发展，铜器的数量有较大增长，但种类有一个较明显的淘汰和更新过程。西周时期有许多铸工精湛、造型雄奇的重器传世，且多有长篇铭文，是研究西周社会历史、文化、艺术等的重要资料。

迄今所知，西周青铜器的分布北起内蒙古、辽宁，南到湖南、江西、四川，东起山东半岛，西到甘肃、宁夏，其中以王畿所在的陕西、河南出土最多。王臣铸作的铜器占据西周青铜器的很大比例。诸侯国的铜器也有发现，但多属姬、姜两姓的诸侯国，如燕、鲁、卫等，反映了西周社会宗法分封制的特点。

边远地区如巴蜀、吴越等古国的西周时期铜器，多带有一定的地方特色，其礼器（古时祭祀用的各种器物）和乐器的形制与制度受中原周器（周代钟鼎尊俎类彝器）的影响较大，兵器、工具和杂器（日用器具）等则多保留本地土著传统。从器形看，西周时期的青铜器制作方法同夏、商时期一样，没有太大的变化，都是陶范（铸造青铜器的陶质模型）制作，且一器一范，手工制作，这样就不能铸造出相同的陶范，所以，西周时期没有完全相同的青铜器造型，如果有，肯定有一件是伪器，或二者皆伪。从纹饰看，由于同夏、商时代的青铜器一样，为陶范铸成，一范一器，几乎没有完全

173

相同纹饰或刻痕的青铜器，除了个别用单范铸造成器的有相同的纹饰，不过这样的纹饰在西周时期很少见。从铜铁合铸上看，近年来的考古发现新材料证明，在商代晚期和西周早中期，这类铜铁合铸器所使用的铁都是陨铁（含铁质较多或全部是铁质的陨星），那么，究竟什么时候出现人工冶铁的呢？

时间推定是个相当重要的问题，因为，只有时间敲定了，我们才可以知道从商代晚期到什么时候属于陨铁和铜材料结合成器存在的时间，而什么时候又是人工冶铁和铜结合成器存在的时间。1990年，河南三门峡西周晚期虢国贵族墓地出土了一把玉茎铜芯柄铁剑，为铜铁合铸的典型器物，且是人工冶铁，被称为"中华第一剑"，是我国迄今为止发现的最早的人工冶铁实物。由此我们可以推定，中国历史上铜和陨铁合铸的时代是从商代晚期到西周晚期，而人工冶铁与铜合铸成器的时代至迟到西周晚期技术上已经成熟。从铸范种类上看，西周时期除了采用陶范法冶铸外，还延续了夏商时期用石范铸造青铜器小件和不复杂器物的传统。

由于石范法只能制造一些简单工具和武器类青铜器，所以到西周时期，石范铸造青铜器的方法基本上没得到发展，绝大多数青铜器的铸造还是采用陶范法，只有极少数的青铜器采用石范铸法铸造。我们在鉴定石范法铸造的青铜器时，要和鉴定陶范法铸造青铜器区分开来，如石范法铸造的青铜器，存在着器形和纹饰相同的现象。

从其他方面看，西周时期青铜器和夏朝青铜器也有特征相似的地方，如在声音、锈蚀、重量方面，西周与夏朝两个时期的青铜器辨伪方法基本相同。

平王东迁

周幽王即位后，将国家大事放在一边，整日只知吃喝玩乐。他还特别好色，派人到处搜寻美女，以供自己享乐。谁能将美女进献给他，他就十分高兴，并给进献者大量的赏赐，同时给予官职，这样他得到了很多美女。在诸多美女当中，有一个绝色美女叫褒姒，周王非常喜欢她，整日宠着她，想方设法让她高兴，但褒姒却并不喜欢幽王，自从被选入宫中，整日里皱着眉头，从未见她有一点笑容，这下可急坏了好色的周幽王。他想尽一切办法想让这位美人高兴，结果都没能如愿，于是下诏天下，谁能让美女褒姒一笑，便赏他黄金千两。这样，就有许多贪图钱财的人去见褒姒，想设法让她一笑，可这些人想尽办法，非但未能奏效，反而令美人更加生气了。

周幽王统治时期，王室力量已经大大减弱，西部游牧部族西戎经常派兵侵犯镐京，对西周进行骚扰掠夺。为了保证周王室的安全，便于各地方诸侯勤王方便，人们在周京畿地区建了好多烽火台，这样当西戎侵犯时，人们就会点燃烽火台的烽火，诸侯见到烽火台狼烟四起，便能迅速调兵赶往京城保护周王。烽火台建成后，由于诸侯救兵能及时赶来勤王，西戎各部落再也不敢轻易进犯周都城了，情况暂且得到好转。

有一天，有个叫虢石父的小人给周幽王出了个主意，让周幽王带着美人登上烽火台，点燃烽火，使诸侯救兵上当，说兴许能逗得美女开心。周幽王听后，觉得很有道理，便命令属下点燃烽火。各路诸侯见到狼烟四起，果然前来勤王，可当各路兵马赶到京城时，没见到一个敌人，只见到城上看笑话的君臣和妃子。褒姒站在烽火台上，见诸侯和兵马们被戏耍得团团转，便冷笑了一下，可把幽王高兴坏了。上了当的诸侯得知周幽王是为博得美人一笑才点燃的烽火，都气得要命，以后见到烽火台的烽火却再也不出兵勤王了。

周幽王专宠褒姒，褒姒也很争气，不久就给幽王生了个儿子，起名叫伯服。周幽王废掉王后和太子，改立褒姒为王后，改立伯服为太子。消息传到王后的父亲申侯那里，申侯气得要命，为了保住女儿的王后宝座和外孙的王位继承权，他勾结西戎向周王发动进攻。周幽王慌忙命人点燃烽火，哪知各路诸侯竟没有一个人肯发来救兵，他只好逃出京城，结果被犬戎杀死在骊山之下。

随后，犬戎在京畿地区烧杀抢掠起来，搞得周王朝一团糟。申侯见势不妙，又联合各路诸侯打败了犬戎，拥立太子宜臼做了周王，就是历史上的周平王。周平王难以在镐京执政，一方面是镐京已经被犬戎烧杀抢掠得不成样子，像样的宫殿房屋几乎被烧尽了；另一方面是犬戎还多次来侵扰京城，各路诸侯又保驾不力。

公元前770年，周平王在郑国、秦国、晋国等诸侯国的护卫之下，放弃镐京，迁都洛邑，建立了东周王朝。平王东迁之后，西部故土大量丧失，潼关以西广大地区被秦国占有，南面是楚国及其附属国，北面地区多为晋国所控制，东面地盘大量被郑国侵占，周王室只剩下伊洛河（即洛河，因河南境内的伊河为重要支流，亦称伊洛河）地区以洛阳为中心方圆不足六百里的地盘，周天子实际上已经丧失"天下共主"的权力。一些强大起来的诸侯不再听命于周王，只是打着周王的旗号"挟天子以令诸侯"罢了。

历史进入王室衰微、大国争霸的新时期。周平王东迁洛邑，可以说是周朝社会历史的转折点。东迁之前周王为天下共主，力量强大，各地诸侯要向周王定期纳贡；东迁之后的周王室名义上依然存在，但真正实力还不如那些势力强大的地方诸侯。由于平王东迁后都城设在洛阳，人们便将迁都后的周王朝称为东周。

历史上又将东周历史划分为春秋、战国两个时期。

第三篇　春秋·战国

〔春 秋〕

管仲相齐

公元前 7 世纪中叶，东方的齐国在管仲的领导下推行全面改革，使国内政治、经济、军事实力大增，最终取代了郑国的霸主地位，并一跃成为春秋五霸之首。管仲名夷吾，字仲，颍上（颍水之滨，隶属今安徽省阜阳市。颍，yǐng）人。早年贫困，后在齐国王室公子纠的手下任职。周庄王十一年（前 686），齐国发生内乱，因为管仲涉事太深，齐桓公原想将他处死，但鲍叔牙劝阻他说："您应不计前仇，重用管仲。"并指出，"只有这样，才能称霸诸侯。"齐桓公采纳了鲍叔牙的建议，非但没有杀死管仲，还拜他为相国。管仲任职后，尽心尽力为齐国服务，协助齐桓公在经济、政治、军事方面实施了大刀阔斧的改革。

为了增强国力，管仲着手进行经济改革。首先他鼓励农耕，大力发展农业，提倡深耕（种、插秧之前，先须犁田，把田地深层的土壤翻上来，浅层的土壤覆下去）、均种（种植的间隔均匀适度）、疾耰（yōu，古代弄碎土块、平整土地的农具；用作动词时，指播种后翻土、盖土），利用雨水，不违农时，这样，齐国土地的开垦量增加，农耕技术也得到提高；为了鼓励生产者的积极性，管仲又采取"相地而衰征"的政策，即根据土地的好坏肥瘠的等级来定赋贡税的轻重，改变了西周以来井田制"籍田"那种强迫劳动者生产，无偿占有劳动者果实的剥削方式，从而缓和了社会矛盾，使生产状况不断好转，改变了田间"维莠（yǒu）桀桀"即野草丛生的衰败景象；他还推行"与民分货"的政策，即将土地上的收获拿出一部分给生产者，变无偿占有为有偿占有，使劳动者更积极、更安心地致力于农耕。这些措施实际上是变奴隶制的生产方式为封建制的生产方式，无疑是社会的进步。

在奖励农耕的同时，管仲又大力倡导发展手工业和商业，大力开采铁矿，既大大促进了生产力的提高，又促进了工商业的发展，给国家提供了新的财源。另外，他又推行"轻重九府"政策，即按年岁的丰凶和人民的需求来经营货物；并由官府掌管钱币的制造。这样就使齐国积累了大量的财富，成为当时中原经济最发达的国家。

在经济改革的同时，管仲又着手内政和军事方面的改革，加强了自下而上的严密的统治机构、中央集权；并通过"寓兵于农"的政策，使兵民合一、军政合一，训练出一支牢牢掌握在国君手中的强大军队。齐国自身强大后，管仲又帮助齐桓公进一步走向霸主的宝座，推出了"尊王攘夷"的口号。春秋早期，虽然周天子已经不能再像过去那样号令诸侯了，但名义上还是天下的共主和宗法上的大宗，影响还很大。齐国想称霸诸侯，就必须打出维护周天子威信和地位的招牌，才能去号召和联合诸侯。所谓"攘夷"，即驱逐夷、狄等少数民族的势力。当时，一方面周天子与其所封的各诸侯之间都存在一种或远或近的血缘关系；另一方面夷、狄等少数民族不断入侵中原，也严重地威胁了各诸侯国的安全，破坏了各国的社会经济。因此，"攘夷"便成为中原各国的共同心愿。齐桓公提出"尊王攘夷"口号的真正目的是在这面人心所向的大旗下，团结各诸侯国，驱逐夷、狄势力，进而取代周天子的地位，称霸中原。由于齐国强大的经济、军事实力，以及在政治上牢牢抓住"尊王攘夷"这面有利的大旗，管仲所设计的称霸计划步步得以实施。在实施过程中，管仲在许多关键时刻，起着重大的作用，维护了齐国在诸侯中的威信。

周釐王元年（前681），齐桓公约宋、鲁、陈、蔡、卫、郑、曹、邾（zhū，今山东省邹县）等国三月初一到北杏（今山东省东阿县附近）开会。但鲁未如约参加，齐国就依此为由发兵伐鲁。

鲁庄公要求齐退兵，答应在柯地（今山东阿县）会盟。正当两国君主在台上歃（shà，古人盟会时，嘴唇涂上牲畜的血，表示诚意）血为盟时，鲁庄公的随员曹沫突然揪住齐桓公，以匕首相逼，要求齐桓公答应退还所占的鲁国土地。齐桓公迫于威逼答应了曹沫的要求。等到曹沫放下匕首回到自己座位上时，齐桓公见威胁已过，又要反悔。管仲力劝齐桓公要遵守诺言，不要失信于诸侯。齐桓公听从管仲的劝告，履行前言。此事传出去以后，诸侯们都称赞齐桓公重信诺，愿意尊其为盟主。

齐桓公的霸主地位由此确立。

葵丘之会

周惠王二十一年（前656），齐桓公率领八国军队逼近楚境，在召陵（隶属河南省漯河市）与楚国结盟修好，暂时挡住了楚国北上的势头。当时，周天子欲废太子郑，改立宠妃所生的公子带为太子。为了安定王室，齐桓公于周惠王二十二年（前655）会宋、鲁、陈、卫、郑、许、曹诸君，他们在首止〔今河南睢（suī）县东〕与太子郑相盟，以定太子之位。周天子派周公宰孔召郑文公，告诉他天子打算立公子带为太子，要他约同楚国，辅佐王室。郑文公借口国内有事，逃盟而去。其余七国歃血为盟，约定：凡我同盟，共辅太子，佐助王室，谁违盟约，即受天罚。周惠王二十三年（前654），齐国以郑文公逃盟为理由，率鲁、宋、陈、卫、曹等国军队讨伐郑国，楚成王出兵围许以救郑，诸侯解郑围救许，楚亦释围回军。

周惠王二十五年（前652），周天子去世，太子郑继位，是为襄王。襄王担心其弟带争位，秘不发丧而求助于齐。这一年，齐国又出兵攻打郑国。周襄王元年（前651），齐桓公率鲁、宋、卫、许、曹的国君及陈世子与周襄王的大夫在洮地（今山东鄄城西南）会盟，以巩固襄王的王位，襄王定位而行发丧，郑文公也去乞盟。为了巩固已取得的成果，帮助齐国公子昭登上太子位，以继承齐国的霸主地位。

在周襄王元年（前651），齐桓公与宋、鲁、卫、郑、许、曹等国的国君及周襄王的使者宰孔在葵丘（今河南兰考县境）相会，周襄王为了感谢桓公对他的支持，让宰孔把天子祭祀祖先的祭肉赏赐给桓公。按照当时的礼制，天下祭祖的礼物只分给同姓国家，齐是姜姓，没有分享祭品的权利，周襄王赏赐桓公祭肉，是表示对桓公特别敬重。桓公听从管仲的建议，下堂行跪拜礼，宰孔又说襄王命令加赐爵位一等，不必下拜。桓公表示谦虚，跪拜受赐。

当时周天子已经没有什么实权，而桓公的"尊王"，意在"挟天子以令诸侯"，周襄王赏赐桓公，本意是为了依靠霸主的势力来维护自身的地位。齐桓公在中原取得了霸主地位，位于南方的楚国也迅速强大起来，北上中原争雄。楚国以江汉平原为中心，北到今河南南部，东到今安徽中部，南达今湖南的资兴、郴（chēn）县，地大物博，有着良好的自然条件和较为发达的采矿业。物质力量雄厚的楚国，先平定了周围的一些小国，到楚成王时，战略重点已放在向北扩张上，先后灭掉申、息、邓等国，并伐黄服蔡，屡次攻伐随国（在今湖北省随州市），逼近郑国。

郑国无力与楚抗衡，准备依附楚国。在这种情形下，齐桓公于周惠王十八年（前659），召集鲁、宋、郑、曹、邾等国商议救郑。后来江、黄两国背离楚国与齐、宋在阳谷（今山东省阳谷县境）结盟，便形成了中原诸国与楚国对峙的局面。齐、蔡本是友好国家，蔡姬是齐桓公的夫人。周惠王二十年（前657），齐桓公和蔡姬在园林里坐船游玩，蔡姬故意摆动游船，使齐桓公摇来晃去，桓公不习水性，非常害怕，让她停止，蔡姬却摇晃得更起劲。桓公一怒之下，把她送回蔡国，但未断绝关系；蔡侯也赌气将蔡姬改嫁，并倒向楚国。

周惠王二十一年（前656），齐桓公率领齐、宋、陈、卫、郑、许、曹、鲁八国的军队攻打蔡国，蔡国寡不敌众，一战即溃，八国军队长驱直入，南进达于楚国边境。楚成王派遣使者对齐侯说，君王住在北方，楚君住在南方，即使是牛马发情狂奔也不能彼此到达，没想到君王竟跋涉到我国的土地上，质问桓公这是何缘故。齐相管仲以楚国不进贡土特产，使天子祭祀缺乏物资、不能滤酒（滤酒。漉，lù）请神和昭王南征不返为由来答对，楚国使者表示：没有送去贡品，是楚君的罪过，今后保证及时进贡；至于昭王没有回去，与楚国无关，最好去责问汉水边上的人吧！桓公见楚国使者态度强硬，也不敢轻易与楚交战，于是就率领诸侯的军队进兵到陉地（今河南漯河市郾城区南。陉，xíng）。这年夏天，楚成王派遣使者屈完去与诸侯军队言和，诸侯军队退兵到召陵（今河南漯河市郾城区东）驻扎，齐桓公把诸侯的军队列成战阵，与屈完一起乘车观看。

桓公假意表示：诸侯起兵，绝不是为了齐国，先君建立的友好关系应当继续，贵国应当和敝国共同友好。屈完表示这正是楚国的愿望，桓公又指着诸侯的军队说，用这样强大的军队打仗，战无不胜，攻无不克，屈完表示：君王如果以德行安抚诸侯，谁敢不服；若用武力威胁，那么楚国可以以方城山（今河南叶县南，方城县东北，系楚国北方的天然屏障）为城墙，以汉水为护城河，君王的军队虽多也无用。齐桓公见屈完的话软中带硬，有理有节，便在召陵与屈完订立了盟约。召陵之盟等于楚国事实上承认了齐国在中原的霸主地位，也暂时阻挡住了楚国向北扩张的势头。但召陵之盟同时也说明楚国当时的强大，足以和齐等八国之师抗衡。

因而召陵之盟可以说是两大军事力量暂时处于平衡状态之下的见证。

骊姬之乱

晋献公本来在贾国娶妻，但没有儿子。他与父亲武公的庶姜齐姜通奸，生太子申生及秦穆公夫人；后来又在戎娶大戎狐姬，生重耳（晋文公）；娶小戎子，生夷吾（晋惠公）。周惠王五年（前672），晋献公攻打骊戎（分布在今山西晋城西南），骊戎求和，把骊姬姐妹送给了晋献公。骊姬姐妹随晋献公回国后，骊姬生奚齐，她的妹妹生卓子。

骊姬凭着备受晋献公宠爱，想立自己的儿子奚齐为太子，于是就贿赂献公身边的近臣梁五和东关嬖五。"二五"对晋献公说，曲沃（隶属山西省临汾市）是君王的宗邑，蒲地（今山西隰县西北）和屈地（今山西吉县北）是君王的边疆，宗邑缺乏强有力的主管者，百姓就不畏惧；边疆缺乏强有力的地方官，就会遭受戎狄的侵犯，这都是晋国的祸患。如果让太子申生主管曲沃，再让重耳和夷吾主管蒲地与屈地，就可以使百姓畏惧，戎狄害怕。晋献公听信了他们的话，就把申生派到曲沃，把重耳、夷吾派到蒲地和屈地，而把骊姬姐妹所生的奚齐、卓子留在绛城（今山西翼城东）。这样，骊姬就分散了诸公子的力量，使得他们不能联合起来。

骊姬初受宠时，晋献公就想立她为夫人。占卜，不吉利；但占筮（shì，指古代用蓍草占卦）却吉利。献公就准备取占筮的结果。卜人说："占筮常常不灵，而占卜则往往灵验，不如按照灵验的。再说，根据占卜的结果，将有后患，所以，不能立骊姬为夫人。"献公不听，立了骊姬。等到献公把太子申生等人派往各地后，骊姬又施展新诡计。她对太子说：国君梦见你母亲齐姜，你快回去祭祀吧。太子到曲沃去祭祀，带来祭品献给献公，献公刚好外出打猎，骊姬便在祭品的酒肉中放了毒药。献公回来，以酒祭地，酒使土都堆起来了；又把肉给狗吃，狗当场毙命；再给宦官吃，宦官也马上死去。骊姬哭着说："这是太子的阴谋。"申生闻讯，逃归曲沃，献公杀了他的保傅杜原款。

有人劝太子申生辩解，申生认为：国君失去骊姬，就会居处不安，饮食不香。如果辩解，骊姬必然获罪，国君也会因为骊姬有罪而不高兴，因而他自己心情也不会愉悦。别人又劝他逃往国外，申生不肯走，不久便上吊自尽了。

骊姬害死申生，又诬陷重耳和夷吾，说太子想谋害献公，他们俩也参与了。献公正要追问，二人听到风声，各自逃回自己驻守的地方。这样，献公更信以为真，派寺人披到蒲地去捉拿重耳，寺人披当天就赶到蒲城，重耳在慌乱中跳墙而逃，被寺人披砍下一截袖子，重耳逃亡到翟国。贾华被派往屈地捉拿夷吾，夷吾逃到梁国。献公的其他公子，在骊姬等人的谗言下相继被逐，于是立奚齐为太子。

周襄王元年（前651），晋献公死。临死前召见荀息，把奚齐托付给他，所以荀息等人拥立奚齐为君。重耳的老师里克和大臣丕郑力图重耳回国继位，于是联合申生、重耳、夷吾的旧部，杀死奚齐。荀息等人又立卓子为君，也被里克等人在朝廷上杀死，荀息亦自杀。

周襄王二年（前650），逃亡梁国的夷吾在周襄王、齐桓公、秦穆公的帮助下复国，是为晋惠公。惠公上台，听从冀芮的建议，囚禁了里克，又加罪于里克，迫使其自杀，以除掉重耳在国内的力量。不久，惠公死，太子圉（yǔ）即位，是为怀公。一年之后，重耳复国，派人杀死怀公，即位为文公。晋国由骊姬之乱带来的走马灯式的更换国君的历史才告一段落。

烛之武退秦师

在鲁僖公三十年（前 630）九月甲午时之前，郑国有两件事得罪了晋国。一是晋文公当年逃亡路过郑国时，郑国没有以礼相待；二是在鲁僖公二十八年（前 632）的晋、楚城濮之战中，郑国曾出兵帮助楚国（《左传·僖公二十八年》："役之三月，郑伯如楚致其师"）。结果，城濮之战以楚国失败而告终。郑国感到形势不妙，马上派子人九出使晋国，与晋结好，甚至在当年五月"晋侯及郑伯盟于衡雍"。但郑国的举动最并没能感化晋国。晋文公出于争夺霸权的需要，还是在两年后发动了战争，联合秦国围攻郑国。晋国为什么要联合秦国围攻郑国呢？这是因为，秦国当时也要争夺霸权，也需要向外扩张。城濮之战事实上是发生在两大军事集团之间的战争：一方是晋文公率晋、宋、齐、秦四国联军；另一方则是以楚国为主的楚、陈、蔡、郑四国联军（郑国名义上没有参战，实际上已提前派军队到楚国）。两年后，晋国发动对郑国的战争时，自然要寻找得力的伙伴。这时的秦国也有向外扩张的愿望，加上可以去"捞上一把"（实际上这场战争与秦国几乎没有关系），秦、晋联合也就是必然的了。郑国被秦、晋两个大国包围，危在旦夕，郑文公派能言善辩的烛之武前去说服秦伯。

佚之狐对郑伯说："郑国处于危险之中了！假如让烛之武去见秦伯，（秦国的）军队一定会撤退。"郑伯同意了。烛之武推辞说:"我年轻时,尚且不如别人;现在老了,也不能有什么作为了。"郑文公说:"我早先没有重用您,现在情况危急了才来求您,这是我的过错。然而郑国灭亡了,对您也不利啊!"烛之武就答应了这件事。

当夜,(有人)用绳子(将烛之武)从城上放了下去。见到秦伯,烛之武说:"秦、晋两国围攻郑国,郑国已经知道要灭亡了。假如灭掉郑国对您有好处,怎敢冒昧地拿这件事情来麻烦您。越过邻国把远方的郑国作为(秦国的)东部边邑,您知道这是困难的,(您)为什么要灭掉郑国而给邻邦晋国增加土地呢?邻国的势力雄厚了,您秦国的势力也就相对削弱了。如果您放弃围攻郑国而把它当作东方道路上接待过客的主人,出使的人来来往往,(郑国可以随时)供给他们缺少的东西,对您也没有什么害处。而且您曾经给予晋惠公恩惠,惠公曾经答应给您焦、瑕两座城池。(然而)惠公早上渡过黄河回国,晚上就修筑防御工事,这是您知道的。晋国,怎么会满足呢?(现在它)已经在东边使郑国成为它的边境,又想要向西扩大边界。如果不使秦国土地亏损,将从哪里得到(他所奢求的土地)呢?削弱秦国而对晋国有利,希望您考虑这件事!"秦伯非常高兴,就与郑国签订了盟约,派遣杞子、逢孙、杨孙戍守郑国,便从郑国撤军了。

晋大夫子犯请求出兵攻击秦军。晋文公说:"不行!假如没有那个人(秦伯)的力量,我是不会到这个地步的。依靠别人的力量而又反过来损害他,这是不仁义的;失掉自己的同盟者,这是不明智的;用散乱(的局面)代替整齐(的局面),这是不符合武德的。我们还是回去吧!"晋军也离开了郑国。

烛之武巧妙地勾起秦穆公对秦、晋两国矛盾的记忆,向秦伯分析当时的形势，采取分化瓦解的策略，说明保存郑国对秦国有利，而灭掉郑国对秦国不利，终于说服了秦伯。

重耳流亡

周惠王二十一年（前656），骊姬经过长期策划，设置圈套，使昏聩的晋献公废掉太子申生，申生自杀。随后，骊姬又诬告其他公子参与太子申生的阴谋，其他公子被逼逃亡。其中，17岁的公子重耳逃到了蒲，另一个公子夷吾也出亡。为斩草除根，晋献公派寺人披率兵进攻蒲，蒲城人欲进行抵抗，重耳认为君父的命令是不能抵抗的，自己宁愿流亡，便对众人宣布，谁抵抗，谁就是自己的仇人，然后便跳墙逃跑了。这时，寺人披率领追兵已经迫近，他见重耳要跳墙跑掉，急忙举刀向重耳砍去。重耳闪身躲过，衣袖却被削掉了一块。重耳逃出城后，因为他母亲是狄人，觉得到狄地会比较安全，便投奔到狄，开始了长期的流亡生活。

重耳出逃后，晋国的政治陷入一片混乱。太子申生死后，晋献公立骊姬之子奚齐为太子，而晋献公死（时在周襄公元年，即前651）后，掌权的大臣里克又杀掉了奚齐，迎立公子夷吾为君，是为晋惠公。然而晋惠公一样昏庸，他杀掉里克，与秦断交，倒行逆施，无所不为。

重耳奔狄的时候，跟从他的有狐偃、赵衰、颠颉、魏武子、司空季子、贾佗和先轸（zhěn）等人，都是当时晋国有才能的人。一次，狄人攻伐赤狄的别种（同一种族的分支）廧咎如，俘虏了酋长的两个女儿叔隗（kuí）和季隗。狄人将季隗嫁给重耳，将叔隗嫁给赵衰。季隗为重耳生了两个儿子，重耳在狄，一待就是12年。

周襄王八年（前644），在狄待腻了的重耳打算到齐国去，狐偃也怕重耳老这样在狄住下去，会变得全无斗志，便说："当初我们到狄人这里来，不是以狄为荣，而是因为它可以成事。可是现在，我们该走了，应该到齐国或楚国去。齐侯（齐桓公）已经老了，管仲也已经去世，齐侯身边大都是些谗佞小人。而他自己到晚年时，必然寻求善始善终。此时我们若去，他一定会帮助我们的。"大家都认为有道理。于是，重耳便离开狄，到齐国去。

重耳一行人途径卫国时，卫文公看不起重耳这个流亡在外的公子，对他很不礼貌。重耳一行人出卫国东行，路过五鹿（在今河南濮阳市南）时，粮食吃完了，他们看到有个野人（与国人相对，属于被周人征服的人）正在田里耕作，便请求那个野人帮忙找点吃的。野人什么也没说，拾起一个土块递给重耳，表示自己一无所有。重耳大怒，认为那个野人是在戏弄自己，举起鞭子就要打。子犯拦住了重耳，说："这是上天赏赐的啊。百姓把土地都献给了你，你还能要求他们做什么呢？上天行事必有先兆。12年以后，我们必然获得这块土地，请诸位记住我的话，上天已经交给我们大的使命。以后，我们必将获得诸侯的拥戴。"子犯的话，明显是为了激励重耳，让他知道重任在肩，不要意气用事，因小失大。重耳果然有所领悟，他向那个野人拜了又拜，将土块接过来放到车上，接着向齐国进发了。

重耳到齐国以后，果然受到齐桓公的热情接待。桓公将自己的女儿嫁给重耳，并给了重耳80匹马，使他过上了富足的生活。重耳在外流亡多年，如今终于有了安身之处，觉得很满意，便打算在齐国长住下来，还说："民生安乐，谁知其他？"过了一年，齐桓公去世，齐国发生内乱。齐孝公即位以后，诸侯纷纷叛齐，齐国已经失去霸主的地位。跟随重耳的人觉得应该赶快离开齐国这个是非之地，去另谋出路。可是重耳不愿意走，且齐国也不大可能会放重耳一行人走。于是，子犯、狐偃、赵衰等人便聚在野外的桑树下，商量如何让重耳离开齐国。哪知道，那棵桑树上有个养蚕的女奴，将子犯等人的谈话都偷听去了，还将听到的话报告给了重耳的妻子姜氏。姜氏怕走漏消息，齐国会不放重耳走，便将那个女奴杀了灭口，然后对重耳说："你有经营四方的志向，知道这件事的人，我已经将她杀死了。"重耳连忙矢口否认。姜氏说："跟随你的人想让你离开齐国，你一定要听从他们的意见，不能犹豫，犹豫办不成大事。你还是走吧，贪恋妻子和安于现状，会毁掉你的功名的。"可重耳还是不肯走。

　　姜氏见自己劝说无效，便去找子犯商议对策。他们合谋将重耳灌醉，然后将重耳装上车，拉着他火速离开齐国。重耳酒醒后，发觉自己上当了，十分生气，抄起一柄长戈就朝子犯扎去，还说："我恨不得吃了你的肉。"子犯一边躲一边说："你什么事情也干不成。我们死了连埋在哪儿都不知道，你还能与豺狼争食我吗？你若有成就，自然会有美味佳肴，我的肉又腥又臭，只怕到时你就不想吃了。"重耳听了，顿时有所领悟。一行人就离开齐国，向曹国（都城在今山东定陶）行去。

　　到了曹国以后，曹共公对重耳很不礼貌。他听说重耳的肋骨长得连在一起，就想看看重耳的肋骨到底长什么样子。一次，曹共公趁重耳脱了衣服洗澡时，躲在帘子后面偷看重耳。曹国大夫僖负羁的妻子很有眼光，在观察了重耳及其随行人员之后，对僖负羁说："我看晋公子重耳的那些随从，个个才能出众，足以相国，他们这么多人辅佐一个人，重耳一定能返回晋国当国君，他回到晋国当国君后，就会讨伐对他无礼的国家，曹国恐怕会是头一个。你还是早点与晋公子结交比较好。"于是，僖负羁便给重耳送来美食，并偷偷在饭中放了一块玉璧。重耳接受了饭食，又把玉璧还给了僖负羁。僖负羁还劝曹共公说："晋公子在这里，您应该按君主之礼对待他。"曹共公说："诸侯的流亡公子多了，谁不路过这里，逃亡的人都是无礼的人，我怎能对他们用尽礼节呢？"僖负羁继续劝说曹共公，可曹共公根本不听。

不久，重耳一行人离开曹国，到了宋国。在宋国，重耳和宋司马公孙固处得很好。公孙固对宋襄公说："晋公子从年少时就流亡到现在，一直好善不厌。父事（以侍奉父亲之礼相待）狐偃，师事（以师礼相待）赵衰，而长事（以兄长之礼相待）贾佗。狐偃惠而有谋，赵衰文而贵负，贾佗多识而恭敬。晋公子遇事总和他们商量。您应该善待他们。"宋襄公听从了他的话，赠给重耳80匹骏马。

重耳继续前进，途径郑国，郑文公对重耳一行人也不大理会。郑大夫叔詹劝郑文公说："我听说上天所帮助的人，是其他人所赶不上的。晋公子有三件不同寻常的事，或许是上天要立他为国君，您还是以礼款待他吧！同姓的男女结婚，按说子孙后代不能昌盛，晋公子重耳的父母都姓姬，可他一直活到今天，这是第一件不同寻常的事；晋公子流亡国外，饱受灾难，上天却不让晋国安定下来，大概是要为他开出一条路吧，这是第二件不同寻常的事；有三位才智过人的贤士跟随他，这是第三件不同寻常的事。晋国和郑国是同等的国家，晋国子弟路过郑国，本来就该受到礼遇，何况是晋公子这样上天所帮助的人呢？"郑文公没有听从叔詹的劝告。不久，重耳一行人就离开郑国，前往楚国去了。

楚成王听说重耳到来了，热情地设宴款待他。在宴会上，楚成王问重耳："公子如果返回晋国，会怎样报答我呢？"重耳说："子、女、玉、帛，这些您都有的是，羽、毛、齿、革之类的物产，您的国土上也很丰富，晋国所有的，只是您的零头，我该怎么报答您呢？"楚成王仍然问道："即便这样，公子你会怎么报答我呢？"重耳说："如果托您的福，我能够返回晋国，将来晋、楚两国若发生战争，我将避君三舍（师行一宿为舍，古代师行日三十里，故三十里为一舍）。如果您还嫌不够，我将全力与您周旋。"楚大夫子玉请楚成王杀掉重耳。楚成王说："晋公子志向广大，文质彬彬，俭约有礼。他的随从人员都态度恭敬，待人宽厚，忠诚能干。如今的晋惠公众叛亲离，内外结怨。我听说姬姓一族中，数唐叔这支衰落得最迟，恐怕要由晋公子来振兴吧？上天要让他兴盛，谁又能废除他呢？违背天意，会招致祸患的。"于是，楚成王便派人将重耳等人护送到了秦国。

到秦国后，秦穆公将五个女子嫁给重耳，其中包括他自己的女儿怀嬴。有一次，重耳让怀嬴捧着盛水的器具为自己洗手，他洗完手后，不小心将手上的水甩到了怀嬴身上。怀嬴很生气，自恃是穆公的女儿，对重耳大发脾气。公子重耳害怕了，不愿在此时得罪秦国，便穿上囚服，去给穆公道歉。秦穆公很大度，说："公子受辱，这是我的过错。是休了这个女子，还是留着她，随公子你自己做主吧。"重耳想休掉怀嬴，司空季子劝他说："二姓为婚，以德义相亲。应娶其为妻，以成大事。"重耳问赵衰应该怎么办，赵衰说："将有求于人，必先有以自入；欲人之爱己，自己必先爱人，欲人之听从自己，自己必先听从别人，对别人无德无义，要用别人，这是罪过。您应该和秦结为婚姻。"于是，重耳先将怀赢送回去，再行纳币之礼，正式娶怀嬴为妻，来表示对怀嬴和秦国的敬重。

又有一天，秦穆公设宴招待重耳。在宴会上，公子重耳作了一首《河水》诗，取"朝宗于海"的意思，用海来比喻秦国，表示对秦国的尊重。秦穆公作了《六月》这首诗，有周宣王中兴，恢复文王、武王功业的意思，祝愿重耳为君，称霸诸侯，辅佐周天子。赵衰听了，急忙让重耳拜谢秦穆公的好意。

周襄王十五年（前637）九月，晋惠公死了，太子圉立，就是晋怀公。晋怀公刚即位，便下令"勿从亡人"，即不准人跟随重耳。要所有跟随重耳的人返回晋国，并规定了期限，谁要是过了这个期限，就不赦免他的罪过。狐突之子狐毛和狐偃都跟随重耳流亡在外，可狐突没有招还他们。那年冬天，晋怀公命人将狐突抓了起来，说："你儿子回来我就放了你。"狐突说："我儿子能够做官，跟随重耳流亡在外。父亲教他们懂得忠诚的道理，这是理所应当的。如果又召他们回来，这是父亲教给他们三心二意，父亲教儿子三心二意，拿什么来事奉国君呢？"晋怀公很恼怒，便杀害了狐突。晋怀公的这个做法大失人心。

重耳在秦国，全面了解晋国的形势后，认为怀公新立，人心不稳，自己返回晋国的时机已到，便请求秦穆公帮助他，想借助秦国的武力返回晋国。秦穆公答应了。周襄王十六年（前636）正月，在秦国军队的保护下，重耳一行人渡过黄河，返回晋国。由于晋国人心思变，人们都盼重耳回来。一过河，令狐（今山西临猗县西）、桑泉（临猗临晋镇北）、臼衰（今山西旧解县治）等城邑都迅速倒向了重耳。晋怀公派军队抵挡，可将领们根本不愿作战，反而和重耳结成联盟。到二月时，重耳率兵攻进晋都曲沃，随即派人杀了晋怀公。重耳终于登上了晋国国君的宝座，就是晋文公。

从周惠王二十一年（前656）到周襄王十六年（前636），重耳在外流亡了整整19年。这19年中，他饱经风霜和磨难，从一个只知享乐的贵公子，变成了一个豁达大度、胸怀壮志、礼贤下士的明君，因而他才能在返国之后，整顿晋国，严明纲纪，发展力量，南下击败楚国，取威定霸，成为继齐桓公之后诸侯国的又一位霸主。

城濮之战

公元前632年，春秋时期，晋文公与楚成王为争夺中原霸权，晋军以谋略制胜，在城濮（山东鄄城西南）大败楚军，开"兵者诡道也"的先河。

当年四月，晋、楚两军为争夺中原地区霸权，在城濮交战。起初，楚军居于优势，晋军处于劣势。晋国下军副将胥臣奉命迎战楚国联军的右军，即陈、蔡两国的军队。陈、蔡军队的战马多，来势凶猛。胥臣为了战胜敌人，造成自己强大的假象，以树上开花之计，用虎皮蒙马吓唬敌人。进攻时，晋军下军一匹匹蒙着虎皮的战马冲向敌阵，陈、蔡军队的战马和士卒以为是真老虎冲过来了，吓得纷纷后退。胥臣乘胜追击，打败了陈、蔡军队。

晋文公于二十年（前632）年初，率军由棘津（河南滑县西南）渡河，进攻依附楚国的曹、卫，企图诱使楚国来援救曹、卫，好解救宋国。正月占卫五鹿（河南清丰西北），二月进至敛盂（河南濮阳东南），与齐昭公会盟，都城楚丘（河南滑县东北）的卫人赶走他们的国君，降服了晋国。

晋军三月攻占曹都陶丘（山东定陶西北）。但楚军不为所动，反而加紧围攻商丘。宋向晋告急，晋文公采用先轸的建议，利用秦、齐"喜贿怒顽"的心理，运用外交谋略制造秦、齐与楚的矛盾，一面让宋重贿秦、齐，请两国出面求楚退兵，一面分曹、卫之地与宋，坚定其抗楚的决心。商丘未能攻下，而曹、卫之地又被晋送给宋国，楚因而拒绝退兵。秦、齐于是出兵助晋，形成三强联合对楚的战略格局。

楚成王见形势不利，担心秦乘机攻其后方，退到申邑（河南荥阳西北），并命令围攻商丘和缗邑以及占领谷邑的楚军撤回。但围

攻商丘的主将子玉，骄傲自负，坚决请求与晋国一战。楚成王决心动摇，同意子玉的建议，但又不肯全力决战，仅派王室亲兵600人增援子玉。子玉派人与晋交涉：如果晋国答应曹、卫复国，楚就解宋之围。晋国君臣认为形势有利，希望决战，就是怕不答应子玉的条件，会遭到宋、曹、卫三国记恨。于是一面暗中答应曹、卫复国，劝这两国与楚绝交，一面又扣留楚国使臣，来激怒子玉。子玉果然被激怒，要和晋决战，率军进逼陶丘。晋文公为疲敝楚军，诱使子玉轻敌深入，以便在预定的战场与楚决战，于是退避三舍，到城濮与秦、齐军会合。

　　四月初一，楚军进至城濮；初二，双方对阵。晋军在秦、齐军的声援下配置为上、中、下三军；楚军以陈、蔡军为右军，以申、息两军为左军，以主力精锐为中军。晋军统帅先轸下令首先击溃较弱的楚右军；并让晋上军佯装败退，在阵后拖柴扬尘，制造后军已退的假象，来诱使楚左军进击，使其暴露侧翼，而后回军与中军实施合击，又将楚左军击溃。子玉及时收住兵力，才免于中军败溃。楚军退到连谷（河南西华境）时，子玉自杀。此次战役，晋文公及先轸等人，决战前充分运用外交谋略，是由实力制胜向谋略制胜的转折点；决战中，晋军先弱后强，各个击破，示利诱敌，在战术上也有所发展。

子产相郑

　　郑国是姬姓国家，其祖先郑桓公是周宣王的兄弟，周宣王二十二年（前806）分封于郑（今陕西华县东）。周幽王时，桓公将财产、部族、家属连同商人迁移到东虢（今河南荥阳。虢，guó）和郐(kuài, 今河南省密县东北）之间。郑武公即位, 先后灭郐和东虢, 建立郑国, 都新郑（今属河南）。武公、庄公相继为周平王的卿士, 在春秋初年, 郑国是强国, 后来逐渐衰弱, 到春秋后期, 郑国外受大国威逼, 内部贵族擅权专横, 处于十分困难的境地, 周景王元年（前 544）, 子产在频繁的内部纷争中登上政治舞台, 为郑国卿官。

周景王二年（前 543）, 郑国发生内乱, 同室操戈, 大夫伯有最后被杀死, 驷氏家族取胜, 子皮继而执政。他看到子产很有才干, 便让子产代替自己, 子产在执政期间, 对郑国内政进行了一系列的整顿和改革：一是做封洫, 即清理田亩。当时一夫耕田百亩, 百亩之间的水沟叫"沟", 百人耕种土地的水沟叫"洫"; "封"是指土堆或沟边的道路, 即田界。子产作封洫, 即清理田亩, 划定田界, 将侵占别人的土地归还原主。这样做的目的在于发展农业生产。二是编制庐井之伍, 古代井田, 八家共一井, 故称八家的庐舍（房屋）为庐井, 这样做主要是出于军事、治安等目的, 以便于组织管理。三是做丘赋, 丘是古代划分田地区域的单位, 九夫为井, 四井为邑, 四邑为丘。每丘当出马一匹、牛三头。这项改革始行于周景王七年（前 538）, 所征之赋主要用于军备, 征收范围主要是被征服的地区。这虽然加重了这些地区人们的负担, 但缴纳军赋的人从此可以当兵打仗, 逐步改变其奴属地位, 也打破了征服者与被征服者以往不可逾越的界限。四是铸刑书, 子产执政之前, 当时的法律一直处于秘密状态, 周景王九年（前 536）, 子产将法令条文铸造在鼎上, 公布于众, 这是迄今所知我国最早公布法令的事件, 它在一定程度上限制了贵族的某些不法行为。五是在贵族内部实行"民主"政治, 据《左传》记载, 周景王三年

（前542），郑国人在乡校（指西周春秋时设在乡的学校，也是国人议论政治的地方）里游玩聚会，议论执政者的得失，大夫然明主张毁了乡校，子产认为防民之口甚于防川，"其所善者，吾则行之；其所恶者，吾则改之，是吾师也。"因而不许毁掉乡校。

子产相郑，积极从事反抗强权的外交活动。周景王三年（前542），子产辅佐郑简公去朝拜晋平公，平公没有及时接见郑君和收纳礼物，子产就把宾馆的垣墙（院墙、围墙。垣，yuán）砸开，带着车马进去，晋国大夫士文伯指责子产，子产据理力争，驳得士文伯哑口无言，只得向执政的赵武汇报；赵武派人向子产表示歉意，晋平公也很有礼貌地接见了郑简公。周景王十六年（前529），各诸侯国在乎丘聚会，商议各国对晋国贡赋的数额，子产在会上巧妙地使用外交辞令，争取郑国按较低的爵级交纳贡品。周景王十九年（前526），晋国执政者韩起出使郑国，想从郑国商人手中得到另一只名贵的玉环以配成对，郑国的其他大夫都主张给韩起，怕由此得罪晋国，惹来大祸。子产从维护国家独立地位角度出发，坚持不给，并巧运言辞，展开有理有利的辩对，终于使韩起折服，为郑国保住了名玉。

概括子产相郑的施政方针，可以概括为"宽猛相济"四个字。周景王二十三年（前522），子产临终时将这套经验传授给他的继承人游吉，他认为：执政，最高明的是用德行来治理民众，其次才是刑罚手段，如同人们对于火，望而生畏，烧死的却少；对于水，柔而不惧，淹死的却多，执政就应当宽严结合，以宽为主，以严为辅。从周景王二年（前543）到周景王二十三年（前522），子产在郑国共执政二十二年，在他执政期间，政通人和，郑国的经济、军事力量得到明显加强，在诸侯国中的地位明显提高。子产有较为开明的政治主张，也能做到知人善任，他执政期间郑国卿大夫的办事能力令当时各诸侯佩服，并得到后人的好评；他所进行的一系列改革，不仅在郑国具有积极意义，对其他国家也产生了极大的影响；他在外交上卓有成效的活动，不仅维护了郑国的主权和尊严，巩固和提高了国家的独立地位，而且也维护了一些中小国家的利益，就其政治影响而言，远远超出郑国，成为春秋时代著名的政治家、外交家。

介子推隐居

晋文公逃亡期间，遭受了非常多的屈辱，跟随他从晋国逃出来的大臣们，慢慢地，都各寻前程去了，只有几个忠心耿耿的人一直坚定不移地追随着他，介子推就是其中的一个。

有一回，晋文公在逃亡途中因饥饿而晕倒了，介子推就割下自己腿上的肉，烤熟了喂到晋文公嘴中，才使得他没有饿死荒野。

介子推忠心耿耿，但他经常给晋文公提意见，让晋文公觉得很厌烦。晋文公即位后，大行封赏，唯独没有给介子推任何赏赐，也没有给他官职。晋文公即位后没有立即实施清明的政策，这让介子推很失望，何况晋文公身边还围绕着一些阿谀奉承的小人，介子推不屑与他们为伍，便带着老母亲隐居到绵山去了。

后来，有人在晋文公面前为介子推鸣不平，这才让晋文公忆起往事，觉得非常愧疚。

晋文公便亲自赶到绵山下，让随从人员上山搜寻，并命令他们无论如何都要找到介子推。但是由于绵山道路崎岖，峭壁丛立，再加上介子推有心躲避，那些人根本没找到介子推。

晋文公很着急，却也无计可施。他身边的大臣也各怀心思：有的希望介子推回来辅佐晋文公治理天下；有的害怕介子推回来，怕自己会失去恩宠，巴不得介子推永远不要回来。

此时，有个大臣对晋文公说："介子推非常有孝心。如果下令放火烧山，介子推一定会因为怕伤及他母亲而出来与您相见的！"

晋文公只想着快些见到介子推，想都没想就同意了，立即下令放火烧绵山。当时正值初春时节，天干物燥，火势猛烈，很快就将绵山吞没了。大火持续了三天三夜，在这期间，晋文公一直没有见到介子推下山。

最终，他们在山上找到了介子推，他与母亲一起靠在一棵被烧焦的柳树旁，早就死去多时了。晋文公非常悲痛，一边痛哭一边拜介子推的尸体。他发现介子推坐得直直的，脊背恰好挡住了柳树的洞，好像洞中有重要的东西。晋文公忙命人去寻找，果真从树洞里找到了东西，那是片衣襟，上面有一首用血写成的诗：

> 割肉奉君尽丹心，但愿主公常清明。
>
> 柳下做鬼终不见，强似伴君作谏臣。
>
> 倘若主公心有我，忆我之时常自省。
>
> 臣在九泉心无愧，勤政清明复清明。

读完那首诗后，晋文公更是悲痛，下令举行隆重的葬礼，将介子推母子葬在了那棵柳树下。之后，为了表示对介子推的怀念，晋文公下令将绵山改为"介山"，在山上建了祠堂，并将放火烧山的日子定为寒食节（清明节前一二日，是中国传统节日中唯一以饮食习俗来命名的节日），每年的这一天，所有人都只能吃冷的食物，不得使用烟火。

第二年，晋文公率众大臣，身着素服徒步登绵山祭奠介子推。他们来到介子推的坟前，发现那棵被烧死的柳树竟然复活了，绿枝招展，随风舞动。晋文公看着死而复活的柳树，就如看到介子推一般。他走到那棵树前，折下几支柳枝，编成圆环戴到头上。祭奠结束后，晋文公将那棵柳树赐名为"清明柳"，并把当天定为"清明节"。晋国的百姓也非常怀念不居功、不贪富贵的介子推，每到他的祭日，家家户户都将烟火熄掉，来悼念他。还有人将面粉和枣泥混合在一起，做成燕子的模样，然后用柳条串起来挂在门框上，来召唤他的魂灵，人们将其称为"子推燕"。

从那以后，寒食和清明就成了晋国最隆重的节日之一。每年寒食这一天，人们都不生火，只吃枣饼、麦糕、青团、糯米糖藕等寒食。这天，人们还会将柳条编成圆环戴到头上，并在房前屋后插上柳枝，以示对介子推的怀念。

一鸣惊人

公元前606年，楚庄王因讨伐洛阳西南的陆浑戎而到达周王国边境，为了向周天子炫耀武力，他还在那里检阅军队，徒有虚名的周定王马上派大夫王孙满去慰劳楚军，楚庄王想：周王朝这么虚弱，我楚国这么强大，可以不费吹灰之力把洛阳夷为平地，该轮到我做天子了。因此他轻蔑地问王孙满道："九鼎有多大，有多重啊？"

九鼎是王权的象征，王孙满知道楚庄王的用心，便针锋相对地说："掌握天下的根本在于德政，在于人心所向，至于谁夺得九鼎，那只是表面现象而已。"

"不许阻止我夺九鼎！"庄王勃然大怒，厉声喝道，"凭我楚国的武力，可随手夺鼎，统治天下！"

"啊呀呀，您怎么连这也不知道呀？"王孙满手拈（niān，用手指搓捏）胡须，镇定地说，"想当年，禹王把九州进贡的铜铸成鼎，就是九鼎，这只是天下统一的象征，而统一的根本在于禹王的德政。夏桀行暴政，商汤行德政，九鼎就转移到了殷人手中；殷纣行暴政，周文、武王行德政，九鼎又转移到了周人手里。只要人心所向，即便没有鼎，江山也是稳固的；如果人心背离，即便有九鼎，也迟早会失去的。"听王孙满这样讲，楚庄王才算点了点头。王孙满又说："现在周王虽弱，但还没到出现一个圣贤取代他的时候，因此，九鼎的轻重是不可以问的。"楚庄王听完这席话，一言不发，勒转马头率军回楚国去了。

这就是历史上著名的楚庄王问鼎中原事件，这也是楚国北上争霸中原的具体表现。

楚国约在今天的湖北，西周初年它很弱，但当时它周围没有强邻，逐渐发展成为中国南部的一支强大力量。北方"华夏"各国看不起它，称它为"蛮夷"，但以"蛮夷"自居的楚国，也不把北方"华夏"放在眼里，尤其看不起他们的总代表周天子，企图用武力夺取中原。中原各国先后以齐晋两大国为主力，阻止楚国北上，提出"尊王攘夷"的口号，以公元前632年晋楚城濮之战为标志，开始了长达八十余年的晋楚争霸。城濮之战中晋文公大败楚军，奠定了霸业的基础。公元前613年，楚成王之孙，穆王之子侣即位，这就是赫赫有名的楚庄王。庄王即位第八年便问鼎中原，公元前597年，楚晋邲之战，楚军大败晋军，这时，地处晋楚之间的小国陈、郑、宋等也纷纷屈服于楚国，楚庄王成为一时霸主，在春秋五霸中，地位仅次于齐桓公和晋文公。

这同楚庄王开明的政治有关。楚庄王在位期间，很会用人，并采取了一套考察官吏的办法，他即位三年不问朝政，整日里饮酒作乐，并发布命令说，谁劝告他就处死刑。对这样一位"昏君"，有的大臣百般逢迎，进献奇禽异兽和美女，希望得到提拔，有的还真得到庄王的重用；有的大臣对楚国的前程焦虑万分，冒死进谏。

忠臣伍举进见庄王说："我有隐喻，要进献给大王：有一只鸟在一座小山头上，三年不飞不鸣，这是什么鸟？"

"三年不飞，飞将冲天；三年不鸣，鸣将惊人。"庄王会心地说，"你先退下，我知道了。"这以后的几个月，庄王更沉溺于淫乐中，大夫苏从又来进谏。庄王冷眼望着苏从说："你难道不知道劝我要被杀头的吗？"

"用自己被杀来劝醒君王，这是我做臣子的意愿！"苏从慷慨激昂地回答。庄王听了十分高兴，心想：现在大臣们谁忠谁奸，谁贤谁愚完全清楚了，现在该是我一飞冲天、一鸣惊人的时候了，于是停止淫乐，开始整理朝政。楚庄王采取的第一个行动就是把三年内逢迎拍马的官吏免职的免职、杀头的杀头，而对于伍举、苏从、孙叔敖这些忠臣，他又根据他们各自的才能，提升到重要的岗位上。比如楚庄王任用孙叔敖来管理经济，是因为孙叔敖是个理财能手。孙叔敖实行综合经济发展制，商、农、手工业并举，楚国出现一派繁荣景象：货物流通，粮食满仓，夜不闭户，路不拾遗。

清明的政治，殷实的经济，精锐的军队，这是楚国称霸的基础，问鼎中原事件就是在这样的形势下发生的。问鼎中原后，庄王在王孙满的启发下认识到，要成为霸主，光靠实力还不够，对动摇于晋楚之间的陈、郑、宋等小国，也要施行德政，并以实力为后盾，有理有节地处理和他们的关系，这样才能使他们真正心服于楚国。

公元前598年，庄王借口陈国的夏徵(zhēng)舒杀死了陈国国君，出兵攻破陈国，杀了夏徵舒，并将陈国划为楚国的一个县，楚国的大臣纷纷向庄王祝捷，只有刚出使齐国回来的申叔时没有贺喜。庄王很纳闷，便问道："你为什么不贺喜呢？"

"有人牵牛在别人田里走，田主大怒，夺了那人的牛。牵牛在人家田里走是不对的，但夺人家的牛不是更错了吗？"申叔时板着脸，严肃地对庄王说，"大王是因为陈国臣子弑君才率领诸侯讨伐它的，开始是符合礼义的，但结果却贪图陈国的疆土，把它划为楚国的一个县，这跟抢夺人家牛的人一样错了，大王您这样做，将如何取信于诸侯，并且成为号令他们的霸主呢？"

楚庄王听后立即从陈国撤兵，使陈国复国了。

公元前594年，楚庄王借口宋国杀了楚国的使者，出兵围攻宋都达五个月之久，宋城中粮食吃光了，百姓交换子女当食物，把死人骨头劈开当柴烧，宋大夫华元将这种情形如实禀报给楚庄王，楚庄王听了深受触动，立即撤兵了。

以实力为后盾，加上正确的外交策略，有理有据，仁而有节，这也是楚庄王能够成就霸业的重要因素。

晋楚城濮之战

　　周襄王十九年（前633），楚成王准备围攻宋国，派前令尹子文在芴（wěi）地练兵，派令尹子玉在芴地作战前演习。子文一早就完事了，没有惩罚一个人；子玉整整一天才结束，鞭打七人，用箭射穿了三个人的耳朵。子文设宴，元老们都表示祝贺，年轻大夫芴贾却不祝贺，认为子文把楚国政权让给子玉，而子玉刚愎自用，对内不能治理百姓，对外率领兵车超过三百乘，恐怕要吃败仗。子玉如果失败，那是子文推荐的缘故，等到子玉胜利归来再祝贺，也不算迟。不久，楚成王便会同陈侯、蔡侯、郑伯、许男围宋。

　　宋国的公孙固急忙到晋国报急求援。晋国名将先轸认为，报答宋襄公在晋君流亡时的施舍，解救宋国被围之难，成就晋国霸业，都在这一次了。晋文公的舅舅狐偃认为，楚国刚刚得到曹国，又新近同卫国结成婚姻，如果攻打曹、卫，楚国势必会救援，那么宋国和齐国就可以避免遭受楚军的进攻了。于是，晋国就在被庐举行大规模的阅兵式，组建上、中、下三军，晋文公委派却谷统率中军，由却溱（zhēn）辅佐他；委派狐偃率领上军，狐偃把上军之帅让给狐毛，自己做副帅；又派栾（luán）枝率领下军，由原轸辅佐他。荀林父为晋文公驾驭戎车（兵车），魏犫（chōu）为车右（古时车乘位在御者右边的武士）。

　　周襄王二十年（前632）春，晋文公打算攻伐曹国，向卫国借路，卫国不答应。晋军回师，从南河渡过黄河，袭击曹国，攻打卫国。正月，晋军占领了卫国的五鹿；二月，晋中军元帅却谷战死，原轸继任中军之帅，胥臣补原轸的空缺，辅佐下军。晋侯与齐侯在卫国的敛盂结盟，卫成公向晋请求订立和约，晋国不答应。卫成公便想去投靠楚国，卫国的贵族不同意，赶走他们的国君，以此来讨好晋国。卫成公只好离开国都，居住到襄牛去了。鲁国大夫公子买率鲁军协助卫国防守，楚军救援卫国，不能取胜。鲁僖公害怕晋国讨伐鲁国，便杀了公子买来讨好晋国，却对楚国人说，公子买没有完成戍守任务，所以才杀了他。

晋军在打败卫国后，又包围了曹国国都，攻打城门，战死许多人。曹国的士卒把晋军的尸体陈列在城墙上，以此打击晋军的士气。晋侯很为此事担忧，士卒们献策说：让军队在曹人的墓地扎营，示意掘他们祖先的坟。文公采纳了士卒们的意见，曹人果然非常恐惧，就把晋军的尸体用棺材装好送出城来，晋军乘机发起进攻，攻破曹都，俘获了曹共公。晋文公当年流亡在曹，曹共公无礼地观看他洗澡，文公一直耿耿于怀，现在俘获了他，便列举曹共公罪状，责备他不用贤臣僖负羁，却大封亲戚故旧，使曹这样一个小小的国家，素飧（无功受禄、不劳而食。飧，sūn）尸位（指占着职位却不做事）的大夫就多达三百余人。为了报答僖负羁当年赠飧置璧的恩惠，文公下令不许晋军进入僖负羁的住宅，还赦免了他的族人。当年跟随晋文公流亡的魏犫、颠颉很生气，认为文公不考虑有功之臣，却去报答那些小恩小惠。于是两人带兵放火烧了僖负羁的住宅，僖负羁被烧死，魏犫放火时伤了前胸。文公很恼怒，打算杀死魏犫，但又爱惜他是个勇武之人，就派人去察看他的伤情，打算如果伤势严重，就杀了他。文公得知魏犫伤得不重，便饶恕了他，杀了颠颉，并在军中示众，又命舟之侨为兵车右卫。

晋军袭卫攻曹，本意是想解宋国之围，没想到楚国见曹、卫两国已失，并不来相救，反而率领陈国、蔡国的军队，加紧围攻宋国。于是宋国又派大夫门尹般向晋君告急求救。晋文公十分为难，如果舍弃宋国不管，宋国就会与晋绝交；请楚国退兵，楚国肯定不会答应；如果与楚国作战，齐国和秦国不会支持。进退两难之际，中军元帅原轸献上一计：让宋国用财物去贿赂齐、秦两国，请他们出面求楚国退兵，晋国扣留曹共公，然后分曹国、卫国的土地给宋国。楚国同曹、卫两国友好，其国土被分，必定不会答应齐、秦的调解，而齐、秦二国接受了宋国的贿赂，又恼恨楚国不给面子，就必然出兵伐楚。晋文公同意了原轸的离间计，实施"喜贿怒顽"的外交策略。果然，齐、秦与晋联合了起来。

楚成王见形势不利，退回申地（今河南南阳）驻扎，防备秦国的袭击，又命令戍守齐国谷邑的申公叔时和围攻宋国的子玉率部撤退，避免与晋军交战。他认为晋文公在外流亡了19年，险阻艰难，全都经历了；民情真假，他都知道了，上天让他享有高年，同时除掉他的祸患。这是天意决定的，像他这样的人是不能和他打仗的，告诫子玉要知难而退。但子玉却骄傲自负，坚持要与晋军作战，他说："虽然不敢保证一定能建立什么了不起的功勋，但希望用胜利堵住奸邪小人（指楚大夫苏贾）进谗言的嘴。"

于是，子玉派大夫宛春到晋军中谈判，条件是：恢复卫侯的君位，同时退还曹国的土地，楚军解除对宋国的包围。狐偃认为子玉太无礼了，晋君（文公）只得到释宋之围一项好处，而楚臣（子玉）却得到恢复曹、卫两项好处。不能失掉这个战机。原轸不同意，他认为楚国一句话就使曹、卫复国，宋解围，三个国家都安全了，晋国如果不同意，三个国家就都灭亡了，就显得晋国无礼了。不如暗中答应恢复曹、卫两国，使他们叛离楚国；再用扣留楚军使者宛春的办法来激怒楚国，等打完仗再考虑曹、卫的问题。晋文公很高兴，就采纳了先轸的意见。曹、卫两国果然派人到子玉营中同楚国断交。

子玉十分恼怒，立即率军北上与晋军作战。文公见楚军逼近，下令退避三舍。将士们对文公此举很不理解，认为晋君躲避楚臣是奇耻大辱，何况是在楚军攻宋不下，在外转战多时，已经疲弊不振的情形之下。狐偃向他们解释，文公这样做是为了报答当年逃亡时楚君给予的恩惠，兑现当年许下的"两国若交兵，退避三舍相报"的诺言。于是晋文公、宋成公、齐国大夫国归父、崔夭、秦穆公之子小子愁率军退后90里，在卫国的城濮（今山东濮县南）驻扎下来。楚军随即逼了上来，在城濮附近的险要地带扎营。

晋文公既害怕别人议论自己忘恩，又担心士卒不愿尽力作战，所以在与楚交战的问题上犹豫不决。三军将领都劝他下决心打。狐偃认为，这一仗若取得胜利，就可以得到诸侯国的拥戴，取得霸主地位；即便打不胜，晋国外有黄河之阻，内有太行之险，也没什么可担忧的。栾枝也说，汉水北面的姬姓国都被楚国吞并了，思念小恩小惠而忘记大耻大辱，于国不利，应当与楚国交战！文公这才下定了决心。

子玉把晋军战略性的撤退误认为是晋军害怕楚军，于是刚扎下营盘便派大夫斗勃向晋文公挑战道："请允许我们与您的部下游戏一番，您可以扶着车前的横木观赏，我也陪您开开眼界。"文公让栾枝回答斗勃说：我们国君领教命令了。楚王的恩惠不敢忘记。既然得不到谅解，那就烦请大夫告诉你们的将帅：准备好你

211

们的战车，敬奉你们的君命，明天早晨战场上见！

晋楚城濮大战前，晋军方面，有战车700乘，兵员37000人，另有齐、秦、宋的支援。中军元帅是先轸，却溱为副；上军主将是狐毛，狐偃为副；下军主将是栾枝，胥臣为副。楚军方面，子玉为中军主帅，指挥警卫王室的西广、东宫及若敖六卒，共有战车180乘；子上为右军主将，指挥陈、蔡两国的军队；子西为左军主将，指挥申、息两地的地方部队。晋军的上军对楚军的左军，下军对右军，临战前，子玉夸下海口："今天定叫晋军覆没！"

战争开始，晋下军副将胥臣命令士卒把驾车的马蒙上虎皮，首先向楚右军发起攻击，陈、蔡的军队跟随楚军原本就是不得已，遭到突然进攻，立即溃不成军，蔡国公子印也被杀死了；晋上军主将狐毛另设前军两队，出击楚军的逃兵，楚军右翼被彻底打垮；晋下军主将栾枝让士卒砍伐木柴拖在车后，扬起尘土，伪装败逃，楚中军立即发起追击，左军主将子西求胜心切，以为晋军主力溃逃，带部率先追赶，造成楚军侧翼空虚。晋见楚中计，元帅先轸率领中军精锐拦腰截击，狐毛、狐偃调头杀了回来，前后夹击，楚国的左军也被打垮。子玉见左右两军全垮，急忙收兵，这才没有全军覆灭。

城濮之战以晋胜楚败而告终。晋军在楚营内歇兵三天，班师而归，向周天子献上俘获的战车一百辆和俘虏的步兵一千人。周天子设享礼款待晋文公，命令大臣尹氏、王子虎和内史叔兴父用策书（皇帝颁发的文书）颁命晋文公为诸侯长，并赏赐了文公许多财物。

楚成王本不愿与晋交战，听说子玉大败而回，就派人对子玉说："你如果活着回来，有什么面目见申、息两地的父老呢？"逼子玉自杀谢罪。成王才打发走使者，便后悔了，忙派人去收回成命，这时子玉已经在连谷（今河南西华县南一带）自杀了。

城濮之战使晋国国威大振，以前与楚国结盟的国家纷纷投靠晋国。文公在践土（今河南原阳县西南）建造王宫，与诸侯会盟，占据霸主地位。而楚国在这一战中受到沉重打击，北上战略难以再施行，此后一段时间只好转向南方经营。

宋襄公图霸

周襄王九年（前643），73岁的霸主齐桓公身患重病，把立太子昭为君的大事托付给宋襄公。但桓公一死，竖刁和易牙就立公子无亏为君，并发兵捉拿太子昭。太子昭逃到宋国，请宋襄公做主。宋襄公曾接受过齐桓公的重托，想乘此机会联络诸侯，继齐桓公之后称霸，便答应了太子昭的请求，于周襄王十年（前642）联合卫、曹、邾等国，共同护送太子昭回国。齐国的一些大臣杀死公子无亏和竖刁，轰走易牙，投降宋国，迎立太子昭即位，是为齐孝公。其他几位公子不干，便联合起来对付太子昭，同宋军在南瓦地（今山东济南历城）大战，结果惨遭失败。

齐原本是霸主国，现在依附于宋，宋襄公就自认为是霸主了。他准备约请诸侯会盟，成就宋国霸业，但他又担心大国不理会，就先约请曹、邾、滕（今山东滕州）、鄫（zēng，在今山东省枣庄市东）四个小国在曹都会盟。滕国犹豫不决，宋襄公就把滕宣公扣押起来以示警告；鄫国国君没有按时到会，襄公就把他作为祭物，投祭睢水。襄公的残暴激起诸侯的不满，周襄王十一年（前641），在陈国的倡议下，鲁、蔡、齐、楚、郑、陈诸国在齐集会，名为缅怀桓公的霸政，实为结成一个与宋对立的集团。襄公见形势不妙，便企图借齐、楚两国来压服中原诸侯。他先派使者带着礼物去见楚成王，约请楚国前来与宋、齐聚会，商议会合诸侯、扩大联盟的办法。周襄王十三年（前639），宋、齐、楚三国在鹿上（今安徽阜阳南）会盟，宋襄公提出由宋来担任诸侯盟主，楚王假装答应，并约定秋天在盂地（今河南睢县）再会诸侯。到了盟期，宋襄公驾车去参加会盟，公子目夷劝他带些兵马，防止楚人不讲信义。襄公不听。

宋、楚、陈、蔡、郑、许、曹会于盂，齐孝公因宋将齐视为属国，不愿意露面；鲁僖公根本不愿意与"蛮楚"交往，所以没来。七国聚会，宋襄公是主人，不料楚成王在会上与宋襄公争盟主，楚国事先布下的伏兵，一拥而上，将宋襄公抓了起来。公子目夷从会上逃回国，立即与司马公孙固商议对策。公孙固建议请公子目夷先即位，以安定人心，号令全国；随即调兵遣将，固守宋都睢阳（今河南商丘市南）。等楚国大军兵临城下时，宋国内部已经一切就绪。楚大将斗勃挟持着襄公，企图迫使宋国投降，宋司马公孙固表示，宋国新君已立，旧君就送给楚国了，坚决不投降。楚国无奈，发兵攻城，可接连三日，士卒损失不少，睢阳城却依然如故。楚见捉拿一国君无用，便想拉拢鲁国，涉足中原，就把宋襄公送给鲁国了。鲁僖公趁机出面说情，襄公得释，与诸侯盟约，然后楚成王和各国诸侯才各自散去。

宋襄公在被擒期间，郑文公曾提议推立楚成王为盟主，襄公获释以后，回到睢阳，重新做了国君，他咽不下这口气，便先向郑文公头上撒去。周襄王十四年（前638），宋襄公联合卫、许、滕几个小国攻打郑国，想借机让楚国难堪。楚国于是发兵救郑，襄公准备直接与楚军交战，公孙固极力劝阻他，襄公不听。冬十一月初，宋军与楚军在泓水（今河南柘城北）相遇，宋军已排列好阵势，楚军还没有全部渡河。司马子鱼认为，楚军人多，宋军人少，趁楚军渡河时发起攻击，一定能取胜。襄公不同意。楚军过河后还未排好阵势时，公子目夷又建议襄公下令攻击，但他仍不同意。等到楚军把阵势排好，一切准备充分时，宋襄公才命令宋军进攻楚军，结果宋军大败，士卒们纷纷溃退，死伤惨重，连宋襄公自己腿上也中了一箭，伤得很重，回国后没几个月便死了。

宫之奇谏假道

春秋时代是个大变革的时代，其主要表现为周王室衰微与各诸侯大国争霸。晋国在春秋初年于诸侯国中地位很低，而且内乱不息。宫之奇是春秋时代虞国的大夫，又叫宫奇或宫子奇。宫之奇小时候由虞国国君抚养成人，同虞国国君的关系非常亲密。周釐王四年（前678），晋武公消除内乱，统一了晋国。晋国统一后两年，武公死去，其子献公即位，在消除了内部各支族的威胁之后，晋献公就致力于向外扩张领土。

周惠王五年（前672），晋献公灭骊戎（今在山西晋城西南），得二女做妾。周惠王十六年（前661），建立上下两军，献公自领上军，太子申生领下军。同年，晋灭耿（今在山西河津界汾水南）、霍（今在山西霍县）、魏（今在山西芮城）三国。第二年，献公命太子申生攻灭狄人东山皋落氏（今在山西曲沃东）。

周惠王十九年（前 658），晋献公命里克、荀息率兵攻打虢国（今在河南陕县三门峡）。晋国要攻打虢国，就必须经过虢北面的虞国（今在山西平陆），荀息建议晋献公献给虞君垂棘璧和屈地产的良马，好向虞君借道，去攻打虢国。虞君十分贪财，收下礼品后一口应允，宫之奇怎么劝说虞君都没用，晋军很快攻下虢国重镇下阳（今在山西平陆东北）。

三年后，晋国再次向虞君借道，大夫宫之奇极力劝阻，他说，万万不能借路，虞国与虢国的关系就像是人的牙齿和嘴唇一样，俗话说"唇亡齿寒"，没有嘴唇，牙齿就要受冻，虢国灭亡了，虞国也一定难以生存，必然会跟着灭亡的。虞君又不听，仍旧让晋国军队通过，宫之奇便带着族人向西山（虞国西界）逃走了，晋国攻下虢国都城上阳（今在河南陕县南），灭掉虢国。

在返回的路上，晋国顺道将毫无准备的虞国灭掉了，虞君与大臣百里奚等人统统做了俘虏，荀息从虢国来到虞君的宫中，取走了垂棘璧；从虞君的马厩中牵回了千里马，带回晋国交给晋献公，晋献公看到后很高兴，他开玩笑说道，马还是我的马，只不过多长了几颗牙齿而已。

虞君没有听从大夫宫之奇的劝告，成了亡国之君。晋献公则消灭了其周围的一系列国家，晋地西到黄河与秦国相连，西南到今黄河三门峡一带，占有桃林塞险关，南到今山西河南交界地，东至太行山麓，北与戎狄接壤，成为北方的一个大国，到晋文公时，更成了各诸侯的霸主。

曹刿论战

　　齐桓公即位后，依靠管仲的帮助，争夺霸主地位。但是，在他对鲁国的战争中，却遭遇一次不小的挫折。在齐桓公即位的第二年，也就是公元前684年，齐桓公派兵进攻鲁国。鲁庄公认为齐国一再欺负他们，忍无可忍，决心跟齐国决一死战。齐国进攻鲁国，也激起鲁国人民的愤慨。有个鲁国人叫曹刿（guì），准备去见鲁庄公，要求参加抗齐的战争。有人劝曹刿说："国家大事，有当大官的操心，您何必去插手呢？"曹刿说："当大官的目光短浅，未必有好办法。眼看国家危急，我哪能不管呢？"说完，他便直接到宫门前求见鲁庄公。鲁庄公正在为没有得力的谋士发愁，听说曹刿求见，连忙命人将他请进来。

　　曹刿见到鲁庄公，提出了自己的要求，并且问："请问主公凭什么去抵抗齐军？"鲁庄公说："平时有什么好吃好穿的，我没敢独占，总是分给大家一起享用。凭这一点，我想大家会支持我。"曹刿听了直摇头，说："这种小恩小惠，得到好处的人不多，百姓不会为这个支持您。"鲁庄公说："我在祭祀的时候，倒是挺虔诚的。"曹刿笑笑说："这种虔诚也算不了什么，神帮不了您的忙。"鲁庄公想了一下，说："遇到百姓吃官司的时候，我虽然不能一件件查得很清楚，但尽可能处理得合情合理。"曹刿这才点头说："这倒是件得民心的事，我看凭这一点可以和齐国打上一仗。"曹刿请求跟鲁庄公一起上阵，鲁庄公看曹刿一副胸有成竹的样子，也巴不得他跟着一起去。于是，两个人坐着一辆兵车，带领人马出发了。

　　齐、鲁两军在长勺摆开阵势。齐军仗着人多，一开始就擂响了战鼓，发动进攻。鲁庄公也准备下令反击，曹刿连忙阻止，说："且慢，还不到时候呢！"当齐军擂响第二通战鼓的时候，曹刿还是叫鲁庄公按兵不动。鲁军将士看到齐军张牙舞爪的样子，气得摩拳擦掌，但是没有主帅的命令，只好憋着气等待。齐军主帅看鲁军毫无动静，又下令打第三通鼓。齐军兵士以为鲁军胆怯怕战，耀武扬威地杀了过来。曹刿这才对鲁庄公说："可以下令反攻了。"鲁军阵地上响起了进军鼓，士卒们士气高涨，像猛虎下山般扑了过去。齐军兵士没料到这一招，招架不住鲁军的凌厉攻势，败下阵来。鲁庄公看到齐军败退，忙不迭要下令追击，曹刿又拉住他说："别着急！"说着，他跳下战车，低下头观察齐军战车留下的车辙；接着，又上车爬到车杆子上，望了望敌方撤退的队形，才说："请主公下令追击吧！"鲁军兵士听到追击的命令，个个奋勇当先，乘胜追击，终于将齐军赶出鲁国国境。

鲁军取得反攻胜利，鲁庄公暗自佩服曹刿指挥镇静自若，但他心里也有没解开的疑问。回到宫里，他慰劳曹刿后，便问："头两回齐军击鼓，你为什么不让我反击？"刿说："打仗这件事，全凭士气。对方擂第一通鼓的时候，士气最足；第二通鼓，士气就松了一些；到第三通鼓，士气已经泄了。对方泄气的时候，我军士气正足，哪有打不赢的道理？"庄公接着又问为什么不立刻追击，曹刿说："齐军虽然败退，但它是个大国，兵力强大，说不定他们是假装败退，在什么地方设下埋伏，我们不能不防着点儿。后来我看到他们车辙乱七八糟，旗帜也东倒西歪的，阵势全乱了，便料定他们是真败退了，所以才请您下令追击。"

鲁庄公这才恍然大悟，称赞曹刿想得周到。在曹刿指挥下，鲁国击退了齐军，局势才得以稳定下来。

秦穆公威震西戎

春秋初期，有个和管仲齐名的人叫百里奚，他70岁那年做了秦国的相国。这天，相府里张灯结彩，百里奚设宴款待宾客，正当大家吃得津津有味的时候，忽然闯进来一个衣衫零乱的老妈子，她趁百里奚在兴头上，走上前去，行过礼，用嘶哑的声音唱道："百里奚，五羊皮。可记得：熬白菜，煮小米，灶下没柴火，劈了门闩炖母鸡？今天富贵了，扔下儿子忘了妻！"百里奚和来宾们听了，都愣住了，这是怎么回事呢？故事还得从头说起。

公元前660年，秦穆公当上国君后，他一面埋头苦干，也不跟中原诸侯争夺地盘；一面大开城门，搜罗人才，着手实施起霸业来。当时，晋国在晋献公的领导下，蓬勃发展起来了，穆公就派大臣去求婚，想通过联姻的方式来推动事业。晋献公并不在意这个远离中原的诸侯，但出于礼节，还是把女儿嫁给了他。穆公完了婚，喜气洋洋地清点起新娘的陪嫁来了，他瞧见单子上划掉了一个奴隶的名字，便问管事的公子絷（zhí）是怎么回事。公子絷说："这是个在晋国做过事的虞国大夫，他逃走了。"秦穆公想问个明白，回头对晋国的大臣公孙枝说："你和他在一起待过，他是怎样一个人啊？"公孙枝介绍说："他挺有本事的。当年，晋国在灭掉虞和虢这两个毗（pí，与……相邻）邻的小国之前，曾故意派人送给虞国国君一匹千里马、一对玉璧，要求借道灭虢，就是这个百里奚识破了晋国"亡唇寒齿、分而治之"的计谋。可虞国国君贪财，没有听从他的话，结果虞国在晋国打败虢国回来的路上被随手灭掉了。"秦穆公听后，知道百里奚是位能人，便派出探子，到处打听他的下落。

原来，百里奚不愿随新娘一起到遥远的秦国去当奴隶，便偷偷跑到楚国去了。楚人不知道他的底细，把他当作奸细抓了起来，流放到边区放牧去了。秦穆公得知后，想立即派人带着厚礼去见楚成王，要把百里奚赎回来，公孙枝忙阻止他说："这可使不得！楚国人叫他看马放牛，是因为不知道他有本领，主公您用重金去聘请，不是告诉别人您要重用他吗？"秦穆公觉得言之有理，便让使者按一般奴隶的身价，带了五张黑羊皮到楚国，将百里奚赎了回来。

百里奚到秦国后，秦穆公问他有多大岁数。百里奚说："我才七十。"秦穆公皱着眉头说："唉，可惜老矣！"百里奚不服气地说："主公要是叫我拿兵器去打仗，我是老了；可要是让我坐下来商议治国大事，那我比姜太公还年轻十岁哪！"秦穆公听后连连点头。三天后，秦穆公就请他做相国。百里奚推辞说："我算不了什么，我的朋友蹇（jiǎn）叔比我还强！主公真要觅才，最好把他也请来。"在秦穆公眼里，百里奚已经是万里挑一的能人，现在听说还有更能干的蹇叔，怎么能不高兴？他立刻派公子絷持着百里奚的信去迎接蹇叔。

公子絷三邀五请，花了好大的劲才把蹇叔请来。秦穆公没等蹇叔休息好，就迫不及待找上门来讨教。蹇叔头头是道，一条一条说了许多计谋，乐得秦穆公连上灯吃饭都忘记了。第二天，秦穆公举行了隆重的仪式，拜百里奚为左相，蹇叔为右相，蹇叔两个儿子西乞术、白乙丙也是挺有才能的，同时被拜为大夫。消息一传开，没几天，百里奚的老夫人杜氏就带着儿子孟明视来到百里奚的相府。"百里奚、五羊皮……"一曲唱罢，夫妻、儿子哭作一团。秦穆公得知百里奚全家大团圆，特加重赏，还安排武艺高强的孟明为大夫，和蹇叔儿子一起管理军事。

秦穆公手下人才济济。他们辅助秦穆公治理国家，秦国不久就强盛起来，把西边的那些小国、西戎部落治得服服帖帖。

穆公意在做天下盟主，准备了几年后，他发兵出关，先攻郑国。当时，百里奚等认为时机尚未成熟，反对出兵。但求胜心切的秦穆公哪里肯听？秦国军队过崤山（在河南省西部，洛宁县西北。崤，xiáo）经洛邑，来到滑国地界。郑国的爱国商人弦高，从事贩牛的生意，在途中得知秦军偷袭郑国的情报，便急中生计，冒充郑国使臣，拦住秦军，把自己的十二头牛献给秦将孟明视说："我们的国君，知道将军要到敝国来，令我前来给您送上肥牛，算是犒劳将士。"孟明视暗暗吃惊，和副将商量说："郑国已经做好了准备，去也没用了。"于是，便下令大军攻占了滑国，滑国紧挨着晋国，刚登位的晋襄公闻讯大怒说："我父亲刚死，秦国便来灭滑国，这是有意欺负我啊！"他穿起丧服，亲自率领大军，在地势险要的崤山设下埋伏。秦国军队丝毫没有戒备，带着从滑国掠夺来的青年男女、玉帛粮食来到崤山，孟明视坐在马背上指着前方说："出了山口就到咱们国界了。"正在得意的时候，突然，整条山沟里响起雷鸣般的战鼓声！晋军伏兵将秦军团团围住，一个冲锋，孟明视等三个大将就成了俘虏，失掉主心骨的秦兵顿时全军覆没了。

晋襄公的后母听说晋军打了胜仗，面带喜色地出宫迎候胜利回国的儿子。她指着关在囚车里的孟明视对晋襄公说："这些败将太可恶了，秦军都死在他们手里，不如把他们放回去，让我父亲来亲手处死他们吧。"襄公见她愤愤的，不知是计，居然同意放

221

虎归山。孟明视三人到秦国时，秦穆公率领文武百官穿着白衣裳到郊外来迎接他们。秦穆公看到三个大将伤痕累累，痛哭流涕地说："我后悔当初没听你们父亲的劝告，你们没有罪，不要难过，我们一定要报仇雪耻！"大伙见秦穆公认了错，都很感动，表示要更加努力训练军队，重振武威。

一晃三年过去了，秦军重振雄风，孟明视没有忘记当年的耻辱，要求秦穆公亲自率领五百辆战车，征伐晋国，去报崤山之仇。秦穆公答应了，出征那天，他对三军将士感慨道："咱们几年来大小战役败了几回，别说中原诸侯看不起咱们，就连西方那些西戎小国和部落也都不服管了，要是这回再不打胜仗，我也没脸回来了。"

秦军很快渡过了黄河。孟明视对将士们说："咱们这次出征有进无退！"全体将士们心领神会，下了狠劲，把渡船都烧了，孟明视身先士卒，做了先锋，秦军一路势如破竹，警报很快传到晋国国都，朝野上下全都慌了神，晋国大将没人敢领兵抗战，晋襄公只得下令紧闭城门。孟明视对秦穆公说："晋国分明已经屈服了，主公不如埋了崤山的尸骨，也可以洗刷往日的耻辱了。"秦穆公率领大军转到崤山，看见三年前秦军阵亡将士的尸体早已变成白骨，横七竖八地满地堆着，秦穆公穿上孝衣，士兵们赶紧将那些尸骨用草席裹起来，埋在朝着秦国方向的山坡上。他们隆重发丧，祭祀了三天。

西边的西戎小国和部落，一听说秦国打败了中原霸主，一个个吓得争先恐后地向秦穆公进贡，一下子就有二十来个国家归顺了秦国。秦国的土地扩张了一千多里，周襄王打发使臣到秦国，赏赐给秦穆公十二面金鼓，承认他是西方霸主。

秦晋崤之战

周襄王二十二年（前630），秦、郑结盟，杞子、逢孙、杨孙等大夫被派往郑国戍守。两年后，杞子从郑国派人向秦穆公报告说：他已经掌管了郑国都城北门的钥匙，如果秘密发兵前来，里应外合，郑国肯定会到手。秦穆公召集大臣商量出兵之事，蹇叔不赞同，认为军队劳苦跋涉去袭击远方的国家，将卒辛劳、筋疲力尽，郑国又早有防备。再说千里行军，谁人不知？劳苦而无所得，将士也不会满意。秦穆公不听蹇叔的劝告，召见孟明视、西乞术、白乙丙三员大将，率领大军从国都东门外出发。蹇叔哭着对孟明视说，我只能看见军队开出去，却看不到他们回来了！秦穆公派人对他说：你知道什么？如果你六七十岁就死了，你坟上的树现在也该有两手合抱那么粗了！蹇叔的儿子参加了出征的队伍，蹇叔哭着送他说："晋国必定在崤山一带阻击秦军。崤山有两座大的山陵，南面的陵，是夏后皋（niè）的坟墓；北面的陵，是周文王避过风雨的地方。你们必将死于两座山陵之间，我在那里为你们收尸吧！"

秦军向东进发。周襄王二十五年（前627）春天，秦军经过周王都洛邑的北门，兵车的左右卫脱去头盔，下车步行，以表示对周王的敬意，但随即就跳上战车的将士有三百多车。周共王的玄孙王孙满年纪还小，看到秦军的这种举动，认为秦国的军队轻佻无礼，必然打败仗。

秦军到达滑国（今河南睢县西北），遇上了准备到周王都做买卖的郑国商人弦高。弦高先送来四张熟牛皮，然后又送上十二头牛，假称是受国君委托来犒赏秦军的，并对秦穆公说："我们国家不富裕，为了您的随从在这里停留，住下就提供一天的食物，离开就准备一夜的守卫。"同时，派人火速向郑国报告。

郑穆公得到消息后，派人去馆舍探视杞子等人的动静，发现他们已经装束完毕，磨利兵器、喂饱战马了，便派皇武子下逐客令。无奈，杞子逃到齐国，逢孙、杨孙二人逃到宋国去了。秦军得到消息，主将孟明视认为郑国已有准备，没有攻下郑国的希望了。攻打郑国不能取胜，包围郑国又没有后援，建议早日回军。于是，秦军回军，并顺路灭掉了滑国。

此时，君主刚亡的晋国已经开始打秦军的主意了。原轸认为机不可失，放走秦军会生后患，一定要阻止秦军。栾枝则认为，先君复国，靠的是秦国的支持，没有报恩就攻打人家，对不起先君。原轸反驳说："秦国不因我们的丧事而悲伤，反而攻打我们的同姓国，这是秦国无礼。放走了敌人，我们几辈子都要遭受祸患，应为子孙后代着想，也可以说是为了已死的国君吧！"于是，晋襄公就发布命令，紧急动员姜戎的军队，晋襄公还染黑丧服领兵出征，由梁弘驾驭车，莱驹做保镖。

同年夏四月，晋军在崤山击败秦军，俘虏了孟明视、西乞术、白乙丙，胜利而归，然后身着黑色丧服安葬了晋文公。晋文公的夫人（秦穆公的女儿、晋襄公的母亲）文嬴请求释放秦国的三位将帅，说是他们三人挑拨晋、秦两国国君的关系，如果父王（秦穆公）得到这三个人，就是吃了他们的肉也不满足，您何必屈尊去惩罚他们呢！不如放他们三人回秦接受惩罚，也使秦王快意。晋襄公答应了她的请求。原轸入朝进见晋襄公，问到秦国的囚犯。襄公说："母亲代他们求情，我把他们放了。"原轸大怒，认为将士们拼力才从战场上擒获他们，一个妇人说几句谎话就把他们从国都放走了，毁伤自己的战果，助长敌人的气焰，亡国没几天了！还当着晋君的面往地下吐唾沫。襄公后悔了，立即派阳处父去追赶孟明视等人，追到黄河岸边，见孟明视等人已经上船离岸了。阳处父解下车左的骖（cān，古代驾在车前两侧的马）马，用晋襄公的名义来给孟明视等人送行。孟明视等在船上叩头辞谢道：蒙晋君的恩惠，不用我等的血涂军鼓，使我们归秦接受刑戮。秦君如杀了我等，死而不朽；如果托晋君的恩惠得到赦免，三年之后，必将拜谢晋君的恩赐。

秦穆公衣着素服，在郊外对着被释放归国的将士号哭，说："我不听蹇叔的忠告，致使你们几位蒙遭耻辱，这是我的罪过！"之后，继续任用孟明视等人。

郩之战以及其后的秦晋彭衙之战，使秦国向东扩张的战略连连受挫，无法东进。于是，秦穆公就把战略重点转向西，展开了称霸西戎的大业。

郐葛之战

春秋初年，迁都洛邑的周天子虽然名义上仍保留着天子的地位，实际上控制力日益减弱，已经无法控制诸侯争霸。

地处中原腹心的郑国这时候开始崛起，其开国君主郑桓公是周厉王的庶子，是与王室血缘最近的诸侯。郑桓公将国内民众由关中地区迁到今河南省新郑市一带，大大加强了本国实力。郑庄公继位后竭力扩充领地，进一步增强郑国实力，他在军事及外交上拉拢齐、鲁两国，打击和削弱卫、宋、陈、蔡四国，灭了许国。

随着郑国的扩张，郑和周天子的矛盾也日渐加深。周平王在位时，"周郑交质"，周平王的儿子王子狐和郑庄公的儿子公子忽互相作为人质，这从某种意义上表明两国开始缺乏互信。周桓王即位后，反感郑庄公的行为，剥夺了郑庄公的卿士地位，郑庄公也因此不去朝觐（朝见君主）周桓王。

周桓王因郑庄公的无礼行为，在公元前707年秋指挥本国军队及陈、蔡、卫等诸侯军亲征郑国。郑国军队和联军在繻葛（在今河南省长葛市北。繻，xū）相遇。

周桓王将联军分为三军，其中右军由卿士虢公林父指挥，蔡、卫两国军队加入其中；左军由卿士周公黑肩指挥，陈国军队加入其中；中军由桓王亲自指挥。郑军也分为三个部分：郑庄公和原繁、高渠弥等人率领中军，祭仲指挥左方阵，公子曼伯指挥右方阵。交战前，郑国大夫子元分析陈国正发生内乱，如果先攻击陈军，陈军一定会迅速崩溃；蔡、卫两军实力不强，很容易攻破。因此应该先攻击两翼，然后再攻击周朝中军。这个建议为郑庄公所采纳。郑国大夫高渠弥则提出使用"鱼丽阵"，将战车排列在阵前，步兵则分散配置在战车两侧和后方，使两者协同配合。此阵法也为郑庄公所采纳。战斗果然像子元分析的那样，两翼先被攻破，周军大败，祝聃（dān）一箭射中周桓王的肩膀。

祝聃请求前去追赶，但郑庄公认为君子不能欺人太甚，何况对方还是周天子，于是就不再追击了。当晚，他还委派祭足去周营去慰问负伤的周桓王。

周桓王十年后病逝，因为钱不够，无法按照天子的排场下葬，棺材摆了七年才入土。郑庄公在前701年去世，此后郑国国力日益衰弱。

繻葛之战实际上反映了东周以后，"礼乐征伐自天子出"已经一去不返。周天子不再有政治上的实权，失去了对诸侯的控制能力。

秦晋河曲之战

周襄王二十五年（前627）秦晋崤之战后，秦、晋二国变为世仇。秦穆公为报仇，几次出兵攻晋。周襄王三十一年（前621），秦穆公去世，秦康公即位，继续发兵攻晋。周襄王三十二年（前620），秦攻晋，战于令狐（今山西临猗西），秦师败绩。周顷王四年（前615），秦、晋之间又发生了河曲之战。

周顷王四年（前615）秋天，秦康公派西乞术聘于鲁国，并把秦国准备伐晋的事告诉了鲁国。这一年冬天，秦康公因为秦军在令狐之役中遭到失败，心中不服，想要攻打晋国复仇，便重新发兵攻晋。开始，秦军进展较为顺利，渡过黄河以后，首先攻取了羁马（在今山西永济市南），逼近晋国国都。晋国不得不派兵抵御。晋军方面排出的阵容是：赵盾将中军，荀林父佐之；卻（què）缺将上军，臾骈（yú pián）为佐；栾盾将下军，胥甲为佐。范无恤为御戎右。秦、晋两军在河曲（今山西永济市南黄河折而向东处）相遇，摆开了阵势。

双方还未交战，晋上军佐臾骈在分析秦、晋双方形势之后，认为秦军远道奔袭，利在速战，弱点在于粮草不容易接济。所以，他向晋军主帅赵盾建议说："秦军经不起长期消耗，我军应该高筑营垒，以逸待劳，伺机而动。"赵盾采纳了他的意见，下令晋军坚守不战。

秦军方面却想速战速决。秦康公见晋军深沟高垒，坚守不出，深感为难，便问以前从晋国投降到秦国的士会，怎样才能打破晋军"深垒固军"的局面，诱使晋军出战。士会原来是晋国的大夫，对晋国的情况十分了解，听了秦康公的提问，便回答说："这一定是赵盾新提拔的上军佐臾骈出的主意，想使我军进不得前，退而无后，陷于疲惫。赵家有一个侧室（宗室支子）名叫赵穿，是晋襄公的女婿。赵盾很宠爱他，但他年纪轻轻，不懂军事，却好勇狂妄。而且，赵穿很厌恶由臾骈担任上军佐。如果派人去挑战，赵穿一定会出来应战的。"秦康公采纳了士会的建议。为保证胜利，秦康公还沉璧于黄河，祈求神灵保佑。

那年冬天的十二月，秦康公采纳士会的建议，派兵单独向晋的上军发起进攻，来激怒赵穿，诱使赵穿出战。臾骈命令上军按兵不动。但赵穿不顾禁令，独自出击，去战秦军。秦康公见赵穿出击，急忙命令秦军撤退，赵穿没追赶上。返回军营后，赵穿十分生气，发脾气说："携粮籍甲却坐以待敌，本来是要和敌人作战的，敌人来了却不出击，这算怎么一回事?!"军吏回答说："我们这样做是为待敌之弊。"赵穿大怒，说："我不知道这个计谋，我带着我的部属出战就是了。"随即，便命令他指挥的那部分晋军单独出战。赵盾得知后，大惊，说："如果秦人俘虏了赵穿，就等于俘虏了我们的一个上卿，那样，秦人就算打了胜仗。我身为主帅，有什么面目去面对国人呢？"不得已，赵盾只好命令晋军全部出战。秦康公也指挥秦军出击，双方战在一起。但是，因为秦、晋双方都心怀不安，恐怕吃亏，双方刚一交战，都争着向后撤退，没能打起来。

当晚，秦国派人向晋军请战说："今天白天双方退军，两军之士皆未快意，请明日重新来战。"臾骈很细心，观察秦使者的表情以后，对赵盾说："秦国使者眼神不定，说明他内心不安；说话声音有点失常，说明他内心害怕。这分明是秦军惧怕我军，准备撤退。如果我们追击，将他们逼迫到黄河边，一定能击败他们。"赵盾同意了，准备出兵追击。可是，胥甲和赵穿二人挡在军营门口，不让晋军追击，大喊着说："我们还没有收拾照顾死伤的将士，就抛下他们去追击敌人，这太不仁道了。不等到约定的时间，就把人逼到绝境，这也算不上勇敢。"赵盾因为宠爱赵穿，见到他这个样子，只好作罢，命令晋军停止行动。秦军果然连夜撤走了。

秦、晋河曲之战，晋军原本有极大的获胜可能，却因为赵穿的一番胡闹而没有取得成功，而这也说明士会机智。所以河曲之役后，赵盾从晋国利益出发，为了使士会的智计不威胁到晋国，便和大夫们商定，用计谋将士会从秦国诱骗回晋国，并委以重任。

楚庄王灭庸

春秋时期，居住在我国湖北省西部和北部汉水上游地区的许多部族，还停留在氏族社会阶段。他们分散居住，互不统属，"无君长总统，各以邑落自居"，被称为"群蛮"或"百濮"，有的被称为"戎"。"百濮"实际上是当时在河谷之中滨（靠近、临近）水而居的低地部族。楚国之先便出自百濮，以后从低地向北方发展，吞并许多原始部落而强大起来。而在楚国周围山陵地带的高地上居住的过粗耕生活的农业部族，当时被称之为"戎"。他们分布在楚国的东、西、南三面，和楚国相对抗。周匡王二年（前611），楚国发生大饥荒，戎人就乘机伐楚之西南，至于阜山（位于今湖北房县南150里。阜，fù）；"又伐其东，至于大林（今湖北荆门西北）"；"又伐其东南，至于阳丘（不详所在）"，又攻到訾枝（在今湖北枝江。訾，zī）。而在这些戎族中，庸和麇是两支较为强大的部族。庸的本义为垣庸，为城垣。其部族以高大的城垣为象征。据《尚书·牧誓》，当年帮助周武王伐纣的就有庸国的军队。庸地在今湖北竹山县西四十里之上庸故城。春秋时代，庸是楚国西北的强敌，麇人也比较强大，当时麇人还役使着许多百濮部族。麇地在今湖北郧（yún）县境。

楚国自楚武王之后，不断兼并周边的原始部族，势力越来越强大。到楚庄王时代（前613—前590年在位），已具备了称霸中原的实力。关于楚庄王，史书载有这样一则故事，说庄王即位三年，不出号令，日夜为乐。并下令曰："有敢谏者死无赦。"大臣伍举入谏，见楚庄王左抱郑姬，右抱越女，坐于钟鼓之间。伍举婉转地说："愿有进言。"说："有鸟在于阜，三年不飞不鸣，是何鸟也？"庄王回答说："三年不飞，飞将冲天；三年不鸣，鸣将惊人。你下去吧！我知道了。"这以后的几个月，楚王却更加淫乐起来。大夫苏从于是入谏庄王。在这中间庄王辨清了忠奸，于是停止享乐，开始整理政事，诛杀了数百人，也提升了数百人。他重用伍举、苏从等人，国人很高兴，当年就灭了庸国。因此，灭庸之役是楚庄王霸业的开始。

周匡王二年（前611），楚大饥，戎人攻其东、西、南三面。而庸人亦率群蛮以叛楚，麇人也率百濮部族聚集在选地（在今湖北枝江市境），将以伐楚。庸人和楚人间的对抗由来已久。史载，周夷王的时候，楚之先祖熊渠甚得江、汉间民和，乃兴师伐庸。庸之附属于楚，可能自周夷王时始。而此次乘楚之大饥以叛楚，声势浩大。楚国不得不全力以赴。楚之北境防中原诸侯的军事重镇申（在今河南南阳境）、息（今河南息县南）二邑大门紧闭，来防止中原的诸侯乘机进攻。

叛乱发生后，楚国内部有人鉴于叛乱力量强大，不容易抵挡，提出将国都暂时迁到坂高（今湖北当阳之长坂），来躲避敌人。大夫蒍贾反对，说："不行。我们能迁往坂高，敌寇也能迁往坂高，不如发兵征伐庸地。麇人和百濮认为我们发生饥荒，调动不了军队，所以才敢反叛讨伐我们。如果我们出兵攻打他们，他们必然害怕回去的。百濮离散而居，各有居邑。一受到攻击，便会退回自己的居邑中去，不敢再出来，哪里还谈得上攻伐别人？庸人是他们的首领，只要我们攻打庸人，百濮必然会不战而退的。"楚庄王采纳了蒍贾的建议，发兵攻打庸人。果然，这年秋天，楚军出动才半个月，百濮便退了回去，庸人陷入孤立无援的境地。

楚军从郢都（楚国国都，故址在今湖北江陵东北）出兵伐庸，必须经过卢地（楚邑，今湖北南漳县东）。从郢都至卢地，楚军自己携带粮食，而从卢地出发以后，就打开当地的仓廪来供将士食用。楚人因为大饥荒，不得不上下同食，饭菜没有两样。楚军到达句澨（在今湖北均县旧城西。澨，shì）后，派卢邑大夫卢戢黎带兵攻庸，一直打到庸人的方城（在今湖北竹山县东四十五里）之下。庸人从城中出击，击退了卢戢黎，并活捉了他的属下子杨窗。卢戢黎在庸方城下仅仅坚持了三个晚上便逃了回来，说："庸人数量很多，而且群蛮聚集在那里帮助他们，不好打。我们不如调动大军，将王卒（楚王之禁卫军）也发动起来，合兵一处，而后进击。"楚大夫师叔坚决反对，说；"不行。我们还是暂且和他们打几次，让他们骄傲起来。敌人骄傲没有防备，我军却蓄怒以待，就可以击败他们了。这是我们的先君蚡冒（楚武王之兄。蚡，fén）征服陉隰所采用的办法。"楚庄王同意了，派出部队和庸人交战，打了七次，楚军都佯装失败逃跑。庸人自己并不追击，倒让自己所率领的群蛮中神、修、鱼三个部落去追击楚军。

　　庸人和楚军交战几次后，见楚军每次都兵败逃跑，觉得楚军不堪一击，不懈和他们作战，斗志也松懈下来，对楚军疏于防备。楚军侦察得知之后，乘机大举进攻。楚庄王坐着一辆专车，亲自指挥。楚军在临品（在今湖北均县界）会集，然后兵分两路：一路由大夫子越率领，从石溪（在均县界）进击；另一路由大夫子贝率领，从仞（亦在均县界）出击，两路合攻。同时，秦国和巴国（当时在今湖北长阳）也派出军队与楚军一道进攻。群蛮部落见楚军强大，很是惧怕，转而与楚军谈和，和楚庄王订盟。庸人猝不及防，又陷于孤立，被彻底打垮。楚庄王乘机消灭了庸国。

　　庸的灭亡，对楚国的发展有着很大的意义。《左传》宣公十二年记载晋大夫栾武子的话说："楚自从战胜庸国以来，楚国的国君没有一天不治理国内的人们，教训百姓生计的不容易，祸患不知哪天就会到来，戒备警惕不能放松。"它为楚国向山陵高地发展，兼并更多的部族，扩大自身力量开辟了一条宽广的道路。

"尊王攘夷"

　　齐桓公执政以来，在管仲的辅佐下，经过了内政、经济、军事等多方面的改革，有了雄厚的物质基础和军事实力，适时打出了"尊王攘夷"的旗帜，以诸侯长的身份，挟天子以伐不服。

　　齐桓公实行的"尊王攘夷"政策，使其霸业更加合法合理，同时也保护了中原经济和文化的发展，为中华文明的存续做出了巨大贡献。

　　"尊王"，即尊崇周王的权力，维护周王朝的宗法制度。公元前655年，周惠王有另立太子的意向。齐桓公会集诸侯国的国君于首止，与周天子盟，以确定太子的正统地位。次年管仲、齐桓公因郑文公首止逃会，率联军讨伐郑国。数年后，齐桓公率多国国君与周襄王派来的大夫会盟，并确立了周襄王的王位。公元前651年，齐桓公召集鲁、宋、曹等国国君及周王宰孔会于葵丘。周王宰孔代表周王正式封齐桓公为诸侯长。同年秋，齐桓公以霸主身份主持了葵丘之盟。此后遇到侵犯周王室权威的事，齐桓公都会过问和制止。

　　鲁僖公四年（前656），齐桓公率领诸侯进入楚国，质问楚国为何不按时向周天子进贡祭祀所用的茅草而导致祭祀大典无法及时进行，使楚国不得不承认自己的错误。鲁僖公九年（前651），齐桓公召集各路诸侯召开葵丘之盟，提出"尊周室，攘夷狄，禁篡弑，抑兼并"的口号，周襄王派宰孔参加，并赐王室祭祀祖先的祭肉给齐桓公。

　　"攘夷"，即对游牧于长城外的戎、狄以及南方楚国对中原诸侯的侵扰进行抵御。公元前 664 年，山戎伐燕，齐军救燕。公元前 661 年，狄人攻邢，齐桓公采纳管仲"请救邢"的建议，打退了毁邢都城的狄兵，并在夷仪为邢国建立了新都。次年，狄人大举攻卫，卫懿公被杀。齐桓公率诸侯国替卫国在楚丘另建新都。经过多年努力，齐桓公对楚国一再北侵的行径进行了有力的回击，并于公元前 655 年，联军伐楚，迫使楚国同意进贡周王室，楚国也表示愿加入齐桓公为首的联盟，听从齐国指挥，这就是召陵之盟。伐楚之役，抑制了楚国北侵，保护了中原诸国。

平王东迁以后，周天子权威大大减弱，诸侯国内的篡权政变和各国之间的兼并战争不断发生。与此同时，边境族群趁机入侵，华夏文明面临空前的危机。春秋时期的齐桓公在管仲的辅佐下尊崇周天子，并因数次发动帮助诸侯国攘斥夷狄战争而大获赞赏，其事迹被后世称为"尊王攘夷"。

"尊王攘夷"在中国历史上多为正面评价。如孔子称赞管子尊王攘夷的功绩："微管仲，吾其被发左衽（被发：散发不作髻；左衽：瓣襟向左掩；被发左衽：指古代中原地区以外少数民族的装束；衽，rèn）矣。"朱熹亦称其"尊周室，攘夷狄，皆所以正天下也"。顾炎武更称其"春秋之义，尊天王攘夷狄，诛乱臣贼子，皆性也，皆天道也"。

另一方面，一些诸侯以尊王的名义互相讨伐争战，称霸称雄，东周历史上出现了春秋五霸、战国七雄。这属"尊王"或者假借"尊王"名义扩张自己势力的行为，并非攘夷，而是华夏诸侯国之间的内战。诸侯争霸的行为，正是孟子所说的"春秋无义战"。